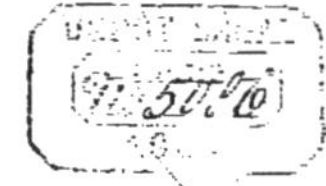

RÉPUBLIQUE FRANÇAISE

LIBERTÉ — ÉGALITÉ — FRATERNITÉ

PRÉFECTURE DU DÉPARTEMENT DE LA SEINE

DIRECTION ADMINISTRATIVE DES TRAVAUX DE PARIS
DIRECTION DE L'INSPECTION GÉNÉRALE ET DU CONTENTIEUX

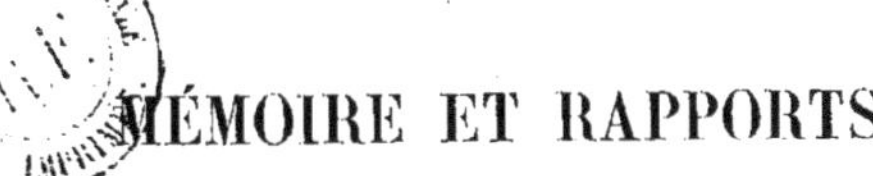

MÉMOIRE ET RAPPORTS

RELATIFS AUX

CHANTIERS DE TRAVAUX PUBLICS

OUVERTS DANS PARIS

SOMMAIRE

PRÉFECTURE DU DÉPARTEMENT DE LA SEINE

DIRECTION ADMINISTRATIVE DES TRAVAUX DE PARIS
DIRECTION DE L'INSPECTION GÉNÉRALE ET DU CONTENTIEUX

CHANTIERS DE TRAVAUX OUVERTS SUR LA VOIE PUBLIQUE

MÉMOIRE
AU CONSEIL MUNICIPAL

MESSIEURS,

A la suite des critiques qui ont été formulées au cours de votre inter-session, sur le grand nombre de chantiers de travaux ouverts sur la voie publique, j'ai demandé à la Direction administrative des Travaux d'établir, avec un relevé des occupations autorisées, les règles d'autorisation et d'installation des chantiers, les sanctions dont l'Administration dispose à l'égard des entrepreneurs, de répondre aux critiques de détail formulées et de donner son avis sur les innovations proposées.

Je mets ce rapport et ce relevé sous vos yeux. Ce document est accompagné de rapports fournis, sur des points particuliers, par MM. les Inspecteurs Généraux chargés des services techniques de la Voie publique et du Métropolitain.

J'ai également chargé l'Inspection Générale des Services administratifs et financiers de procéder, de son côté, à une enquête. Vous en trouverez les résultats, avec l'avis de ce Service, dans le rapport également ci-joint.

Cet ensemble de documents vous éclairera, je l'espère, de façon complète sur la question.

Paris, le 23 octobre 1909.

Le Sénateur, Préfet de la Seine,

Signé : J. DE SELVES.

CHANTIERS SUR LA VOIE PUBLIQUE

RAPPORT DU DIRECTEUR ADMINISTRATIF DES TRAVAUX

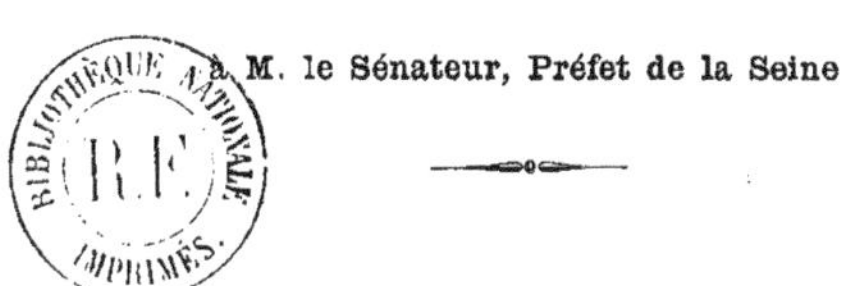

à M. le Sénateur, Préfet de la Seine

A l'occasion des critiques formulées par un certain nombre de journaux, dans le courant du mois d'août dernier, et ayant pour objet l'encombrement résultant des chantiers de travaux ouverts sur la voie publique, M. le Préfet m'a chargé de lui exposer la situation, d'indiquer la procédure suivie pour l'ouverture des chantiers et les améliorations qui pourraient y être apportées, les précautions prises pour coordonner les travaux à effectuer dans une même voie, etc.

Tel est l'objet du présent rapport, auquel j'annexe un rapport de M. l'Inspecteur général, Chef du Service technique de la Voie publique, sur la question de l'« unité de chantier » *(Page 27)* et un rapport de M. l'Inspecteur général, Chef du Service technique du Métropolitain, sur les règles générales qui président aux occupations de la voie publique pour la construction des ouvrages du chemin de fer, pour les installations de l'entrepreneur, pour les puits. *(Page 34.)*

I

LA SITUATION AU MOIS D'AOUT 1909

Il y avait, au mois d'août 1909, 579 chantiers ouverts sur la voie publique, ainsi qu'il résulte du tableau ci-après, lequel résume numériquement des relevés détaillés ci annexés. *(Annexe, page 64.)*

Tableau indicatif de la situation des travaux en cours par emprise de la voie publique en Août 1909

(y compris les travaux des concessionnaires).

VOIE PUBLIQUE ET NORD-SUD

Chantiers ouverts.

1re section, 1er, 2e, 3e et 4e arrondissements	. . . . . .	61
2e — 5e, 6e et 7e	—	. . . . . .	45
3e — 8e, 9e et 10e	—	. . . . . .	70
4e — 11e et 12e	—	. . . . . .	55
5e — 13e et 14e	—	. . . . . .	15
6e — 15e et 16e	—	. . . . . .	20
7e — 17e et 18e	—	. . . . . .	60
8e — 19e et 20e	—	. . . . . .	35

TOTAL. . . . . —— 361

EAUX ET ÉGOUTS

Chantiers ouverts.

1er arrondissement.	. . . .	5
2e —	. . . .	2
3e —	. . . .	»
4e —	. . . .	»
5e —	. . . .	2
6e —	. . . .	5
7e —	. . . .	12
8e —	. . . .	6
9e —	. . . .	2
10e —	. . . .	1
11e —	. . . .	»
12e —	. . . .	2
13e —	. . . .	9
14e —	. . . .	2

A reporter. 48   361

Report	48	361
15ᵉ arrondissement.	5	
16ᵉ —	1	
17ᵉ —	5	
18ᵉ —	9	
19ᵉ —	13	
20ᵉ —	2	
TOTAL.	———	83

MÉTROPOLITAIN

Service technique et Compagnie

Chantiers ouverts.

Ligne n° 3 bis. — 1ᵉʳ lot	7
— 2ᵉ —	9
Ligne n° 4. — 7ᵉ lot	12
— 8ᵉ —	1
— 10ᵉ —	4
— 12ᵉ —	2
Ligne n° 5. — Accès supplémentaire. Gare du Nord . .	1
Ligne n° 7. — Puits et accès supplémentaires	3
— 2ᵉ lot.	4
— 6ᵉ —	4
Ligne n° 7 bis. — Puits, estacades, etc	6
— 1ᵉʳ lot	16
— 2ᵉ —	18
Ligne n° 8. — 2ᵉ lot	4
— 3ᵉ —	4
— 4ᵉ —	3
— 5ᵉ —	11
— 6ᵉ —	8
— 7ᵉ —	6
— 8ᵉ —	12
TOTAL. . . . . . ———	135

NOMBRE TOTAL DES CHANTIERS OUVERTS. 579

Si ce nombre paraît, *a priori*, élevé, l'on peut affirmer qu'il était, à la même date de 1907 par exemple, plus important encore. Alors, en effet, les travaux des lignes métropolitaines et de la Nord-Sud, aujourd'hui achevés sur bien des points, étaient en pleine activité. Et l'Union des Secteurs électriques poussait très rapidement, en prévision de l'approbation du projet de convention, les travaux de transformation des réseaux, ceux de galeries et de canalisations.

Des plaintes étaient déjà formulées. Et si elles n'atteignaient pas encore le ton aigu auquel elles sont arrivées au mois d'août dernier, c'est sans doute que les chantiers n'occupaient pas des emplacements particulièrement fréquentés, tels que la place de l'Opéra, où les règles de l'esthétique sont nécessairement violées pendant la durée des travaux.

II

LA PROCÉDURE POUR L'OUVERTURE DES CHANTIERS

Comment les chantiers sont-ils autorisés? Il n'est pas inutile d'établir, pour le public auquel on répète que « les entrepreneurs en prennent à leur aise », que leurs demandes d'occupation sont soumises à une instruction des plus rigoureuses, et que l'Administration, avant d'autoriser, cherche toujours à concilier les intérêts généraux de la circulation, sans oublier les intérêts des riverains, avec les nécessités de l'exécution.

Approbation préalable des projets de travaux. — C'est une règle absolue que les occupations de chantiers ne sont autorisées que pour l'exécution de travaux dont les projets ont été régulièrement approuvés.

Ces approbations sont données par le Conseil Municipal, après instruction technique. Pour les accès aux stations du Métropolitain, les projets soumis au Conseil Municipal sont des projets d'ensemble et la délibération approbative a pour objet principal de déterminer l'emplacement des débouchés des escaliers d'accès à la surface. Ultérieurement, les projets de détail sont présentés par la Compagnie après une instruction complémentaire: ces projets sont approuvés par le Préfet de la Seine, en vertu du dernier paragraphe de l'article 3 de la loi du 11 Juin 1880.

Demandes d'occupation de la voie publique. — Lorsque les projets ont été régulièrement approuvés, les entrepreneurs chargés des travaux présentent un programme d'exécution indiquant les surfaces dont l'occupation leur paraît nécessaire, tant pour les attaques principales que pour les points secondaires.

Pour certains ouvrages qui ne peuvent être exécutés qu'à ciel ouvert, comme la pose de planchers métalliques à faible profondeur, etc., ces surfaces sont nécessairement assez considérables.

En ce qui concerne les accès, les demandes d'occupation sont présentées généralement par la Compagnie.

Pour la Nord-Sud, toutes les autorisations sont délivrées à la Société elle-même.

Instruction par les Services techniques. — Les demandes d'occupation sont immédiatement transmises par la Direction Administrative des Travaux au Service technique intéressé (Service technique du Métropolitain pour tout ce qui concerne le Chemin de fer Métropolitain. Service technique de la Voie publique chargé du contrôle du Nord-Sud pour les travaux de ce dernier chemin de fer).

Ce service examine si les occupations demandées sont justifiées par les nécessités de l'exécution des travaux, et procède à une instruction technique au cours de laquelle il provoque l'avis :

Du Service technique de la Voie publique, dans tous les cas ;

Des autres Services intéressés (Eaux et Assainissement, Architecture, Carrières, Contrôle des Tramways, Postes et Télégraphes, Génie Militaire, etc.), lorsqu'il y a lieu.

En outre, le Service chargé de l'instruction consulte :

Le Conseiller Municipal du quartier ;

Le Commissaire de Police et l'Officier de Paix.

Cette instruction terminée, le Service technique adresse au Directeur Administratif des Travaux le dossier de l'affaire, avec ses propositions : un plan des surfaces dont l'occupation est finalement proposée par les Ingénieurs est joint au rapport, lequel indique, en outre, les conditions auxquelles les Ingénieurs proposent de subordonner l'autorisation.

Avis de M. le Préfet de Police. — On a vu que le Commissaire de Police et l'Officier de Paix étaient appelés à donner leur avis sur les occupations proposées par les Ingénieurs. Il m'a paru nécessaire, en présence de la grande quantité de travaux qui s'effectuent ou s'effectueront, de renforcer en quelque sorte l'intervention de la Préfecture de Police, en tant qu'autorité chargée de veiller à la sécurité et à la commodité de la circulation.

A cet effet, j'ai concerté, avec les services de la Préfecture de Police, à la date, du 26 mai 1908, des instructions aux termes desquelles le Service technique lui adresse, en même temps qu'il saisit le Directeur des Travaux de ses propositions, un duplicata du rapport et du plan. Le Préfet de Police, après avoir pris lui-même l'avis des services placés sous ses ordres (Inspection de la Circulation et des Transports, Directeur de la Police Municipale, Architectes), fait connaître à la Direction des Travaux si les occupations proposées par les Ingénieurs peuvent être autorisées.

S'il formule des objections ou demande des modifications, il en est tenu compte dans l'autorisation.

Arrêtés d'autorisation. — Ce n'est qu'après avis favorable du Préfet de Police que la Direction des Travaux soumet à M. le Préfet de la Seine l'arrêté autorisant les occupations.

Cet arrêté vise : la demande de l'entrepreneur, le rapport technique et le plan, l'avis du Préfet de Police, enfin les propositions du Directeur des Travaux. Il stipule les diverses conditions imposées à l'entrepreneur pour l'installation des chantiers et contient, notamment, la clause que voici :

« L'Administration se réserve le droit de supprimer ou de modifier à toute époque tout ou partie des installations qui font l'objet de la présente autorisation, sans que l'entrepreneur puisse réclamer aucune indemnité. »

Après signature par M. le Préfet de la Seine, l'arrêté d'autorisation est notifié à l'entrepreneur par les soins du Service technique.

Travaux de gaz et d'électricité. — En matière de travaux de gaz comme d'électricité, la règle générale est que les chantiers, qui sont le plus souvent de médiocre importance, sont autorisés par les Ingénieurs, sans intervention du Bureau Administratif.

Pour les canalisations électriques ordinaires, destinées à desservir les abonnés, il en est ainsi.

Pour les canalisations électriques à haute tension, les occupations du sol de la voie publique sont également déterminées par le Service technique de l'Éclairage. L'arrêté d'autorisation, émané du Bureau Administratif, se borne à indiquer le tracé de la canalisation, les conditions matérielles de la pose des fils, mais il ne détermine nullement les emprises qui pourront être faites sur la voie publique.

Pour les galeries électriques, qui constituent des travaux beaucoup plus importants et d'une plus longue durée, il intervient. après la prise de l'arrêté d'autorisation des travaux de construction de la galerie, un nouvel arrêté qui spécifie nettement les occupations de chantiers autorisées et indique, notamment, l'emplacement exact des puits, estacades et chantiers ainsi que les limites qui leur sont assignées.

Cet arrêté d'autorisation est toujours pris après avis du Conseiller municipal du quartier et du Préfet de Police.

On ne peut nier que, dans les conditions qui viennent d'être exposées, les autorisations de chantiers ne soient entourées de toutes les garanties désirables pour la sauvegarde de tous les intérêts publics ou particuliers qui sont en jeu.

Ouverture de fouilles. — La procédure est évidemment très simplifiée quand il s'agit de travaux courants d'une durée de quelques jours, parfois de quelques heures.

Quand les Sociétés concessionnaires de la Ville de Paris : Gaz, Électricité, Eaux, etc., ont besoin d'ouvrir une tranchée pour réparer une canalisation, établir un branchement, ou pour placer une conduite nouvelle dont la pose a été préalablement autorisée et l'emplacement défini, elles doivent présenter à l'Ingénieur de la Section un avis d'ouverture de fouille visé pour autorisation par le Commissaire de Police du quartier.

L'Ingénieur conserve le droit d'ajourner le travail, qu'il fait d'ailleurs surveiller par les agents du Service actif.

III

LES SANCTIONS

Des sanctions existent-elles à l'égard des entrepreneurs ou concessionnaires qui, sortant des termes des autorisations données, ou bien occupent des emplacements plus étendus, ou bien prolongent leurs occupations bien au delà du temps imparti ?

Les sanctions consistent dans des ordres de service adressés à l'entrepreneur et l'invitant à respecter les clauses des arrêtés d'autorisation. Il est très rare que ces ordres de service ne soient pas obéis. Des procès-verbaux de contravention peuvent cependant être dressés. Il y en a eu, qui ont été suivis de l'application de peines de simple police. Mais il faut bien reconnaître que la condamnation n'intervenant parfois que plusieurs mois après le procès-verbal ne peut produire l'effet attendu.

De meilleurs résultats sont à attendre de l'accord intervenu, à la fin de septembre dernier, entre la Direction des Travaux et la Préfecture de Police spécialement chargée « de la liberté et de la sûreté de la voie publique » (arrêté consulaire du 12 messidor an VIII, art. 22). Celle-ci, en cas de difficulté pour la suppression ou le rescindement d'une emprise de voie publique, interviendra auprès de l'entrepreneur et, au besoin, agira d'office.

A qui appartient-il d'effectuer les constatations nécessaires ?

Évidemment aux agents locaux :

Aux Ingénieurs, Conducteurs et Piqueurs du Service technique du Métropolitain pour les travaux du chemin de fer, infrastructure ou superstructure ;

Aux agents du Service technique de la voie publique chargés du Contrôle de la Nord-Sud pour les travaux exécutés par cette Société :

Aux Ingénieurs de Section, Conducteurs et Piqueurs du Service technique de la Voie publique et de l'Éclairage pour les travaux de canalisation de gaz et d'électricité, etc.

La Direction administrative des Travaux ne peut évidemment, à cet égard, que procéder par voie d'instructions. Sans parler de celles que j'ai fréquemment données en Conseil des Ingénieurs, j'ai adressé, le 14 octobre 1908, à MM. les Chefs de Service techniques, la note suivante :

« Je reçois fréquemment des plaintes touchant la lenteur avec laquelle disparaissent les installations de chantiers devenues inutiles par suite de l'état d'avancement des travaux.

» Je rappelle à MM. Boreux et Bienvenue, Inspecteurs généraux, Colmet Daage, Ingénieur en Chef, qu'il appartient aux Ingénieurs sous leurs ordres de veiller à la suppression des chantiers autorisés sur la Voie publique et sur leurs propositions, au fur et à mesure de l'avancement des travaux qui les ont motivés ; la gène que ces chantiers imposent au public et aux riverains est assez grande pour que les Ingénieurs aient un constant souci de réduire la durée des occupations au strict nécessaire. »

La Direction des Travaux procède aussi par voie de signalements, soit à la suite de visites personnelles du Directeur sur les chantiers, soit sur des plaintes de Conseillers municipaux ou de riverains. Depuis le mois de mars 1908, je ne compte pas moins de quarante signalements adressés par mes soins aux Services techniques à propos de chantiers de grands travaux. Ce nombre n'est pas négligeable si l'on considère que je n'ai à ma disposition qu'un agent à envoyer sur place pour apprécier une plainte. Mon rôle d'ailleurs, en cette matière, consiste à assurer la direction générale, à donner des instructions, à surveiller par « épreuves », en quelque sorte, sans que j'aie à me substituer pour le contrôle quotidien aux agents des Services techniques et locaux.

IV

DE LA COORDINATION DES TRAVAUX

Dans son rapport général sur le Budget de 1909 (p. 134) M. le Conseiller Dausset signalait que le public s'étonne que certains travaux ne soient pas exécutés simultanément ou, tout au moins, sans interruption. L'honorable Rapporteur général voulait bien reconnaître que les considérations d'ordre technique contenues dans une note que je lui avais fait parvenir ne manquaient pas de valeur. Néanmoins il ajoutait :

« Combien de fois, cependant, n'avons-nous pas constaté l'accaparement successif d'une même partie de chaussée ou de trottoir par des Services différents ! On refait de fond en comble le pavage d'une chaussée, puis, comme s'ils n'attendaient que cela pour apparaître, les ouvriers de la Compagnie générale des Omnibus dépavent le centre de la chaussée remise à neuf pour changer les rails du tramway. S'il s'agit des trottoirs, après un asphaltage à neuf, la Société du Gaz vient déplacer ou réparer une conduite, puis, l'asphaltage refait une seconde fois, les ouvriers de la Compagnie des Eaux ou des Secteurs électriques paraissent à leur tour. »

M. Adolphe Chérioux, Président de la 3ᵉ Commission, s'est plaint, à la tribune, des éventrements successifs de la voie publique. On vient de paver une rue, disait-il, on la dépave pour y poser un rail de tramway. Pavée à nouveau, on la dépave encore pour y mettre un égout ou une canalisation électrique, ou une conduite de gaz.

Et l'honorable Président attribuait ces inconvénients à une insuffisance de méthode ou à un défaut de coordination dans les efforts des différents Services.

Et cependant on peut affirmer que cette coordination est la constante préoccupation, non seulement du Directeur, mais aussi des Chefs expérimentés placés à la tête de nos Services techniques.

L'ordre d'exécution n'est signifié que lorsque le Directeur administratif des Travaux a autorisé le barrage de la voie, et il n'accorde cette autorisation qu'en Conseil des Ingénieurs, tous les Chefs des Services techniques présents, afin que tous soient prévenus de ce qui va être fait. La Préfecture de Police est avisée plusieurs jours avant la date fixée pour le barrage afin qu'elle puisse, en temps opportun, présenter des observations. D'autre part, les propriétaires riverains sont informés du barrage huit jours environ avant l'ouverture des chantiers et, au préalable, on a pris soin de mettre au courant le Conseiller municipal du quartier.

Pour montrer qu'on ne saurait diminuer d'une unité les opérations que nécessite l'exécution des travaux, j'ai cité deux exemples dans la note ci-dessus mentionnée que j'ai adressée à M. Dausset en décembre dernier :

Phases successives d'un travail de canalisations souterraines. — Supposons qu'il s'agisse de refaire un pavage usé au-dessous duquel toutes les canalisations souterraines d'égouts ou d'eaux sont à remanier.

Tout d'abord, la séparation est indispensable à faire entre les ouvrages à exécuter dans le sous-sol pour l'approprier aux besoins édilitaires et ceux que comporte la surface pour être mise en état de satisfaire aux exigences de la circulation publique. Cette séparation entraîne évidemment la distinction et la succession des chantiers. Il faut d'abord construire les égouts; la circulation étant interdite, on commencera la galerie principale, c'est-à-dire l'égout dans le sens longitudinal à raison d'un avancement moyen de 10 mètres par jour, et, comme il faut à la fois assurer l'approvisionnement du chantier et l'enlèvement des terres en excès, on ne peut entreprendre en même temps aucune fouille dans le sens transversal sous peine d'immobiliser le chantier et même de rendre extrêmement critique la circulation des piétons. On laisse donc momentanément la construction des branchements de regards et de bouches ainsi que celle des branchements particuliers, et l'on porte toute l'activité du travail sur le corps de l'égout. Au fur et à mesure de l'achèvement de la voûte, on remblaie et l'on exécute un *blocage provisoire* pour rétablir immédiatement une circulation de voitures. Ce blocage est réglementaire; il est exécuté par des ouvriers de métier au compte de l'entrepreneur de l'égout.

L'égout principal terminé, on revient en arrière pour exécuter les branchements de bouches et de regards dont la construction entraîne des feuilles *en travers* de la chaussée et des trottoirs.

Viennent ensuite les branchements particuliers au compte des riverains; ils occasionnent de nouvelles tranchées au-devant de chaque immeuble, alternativement à droite et à gauche de l'axe de l'égout et transversales à la voie.

Il est indispensable, pour le bon ordre des chantiers, que les branchements particuliers soient exécutés *après* les travaux d'égout, de bouches et de regards, car on ne saurait admettre sur le même chantier deux entrepreneurs différents, sans risquer de faire naître immédiatement le désordre et le conflit. En outre, à accumuler dans le même espace et en même temps des chantiers différents, on risquerait d'entraver, sinon de paralyser les actions individuelles et l'on ne ferait qu'aggraver le mal.

Il s'agit ensuite d'établir dans la galerie les canalisations d'eau, tant du service privé que du service public; puis les branchements de concession d'eau dans les branchements particuliers d'égout, lesquels occasionnent une nouvelle série de tranchées transversales qui, pour ne pas troubler abusivement l'alimentation en eau des habitants, doivent coïncider avec la modification des canalisations intérieures. Enfin, il faut encore placer les canalisations diverses : gaz, électricité, air comprimé.

Après ces premiers travaux viendra seulement l'exécution des travaux de la surface : bordures, chaussée, trottoirs, qui pourra elle-même être suivie de plantations, de pose de bancs et d'installation d'édicules divers. Mais cette deuxième catégorie de travaux se trouve subordonnée à la première. Souvent même il est désirable qu'elle ne soit abordée qu'un certain temps après la première, lorsque, par exemple, le sol ou le remblai des tranchées des canalisations a besoin d'éprouver l'effet du tassement.

Lors donc que les travaux du sous-sol sont terminés, on remblaie: mais, malgré le pilonnage et quelquefois le mouillage des terres, des tassements se produisent toujours et l'on ne peut tout d'abord qu'exécuter un blocage provisoire : ce n'est qu'une quinzaine de jours après et quelquefois plus que commencent les réfections plus soignées mais non encore définitives, car de nouveaux tassements sont inévitables, dont la durée varie avec la nature du sol, la profondeur des fouilles, l'importance de la circulation, la saison pendant laquelle les travaux s'exécutent. On ne peut donc entreprendre la mise à neuf d'une chaussée qu'après que le mouvement du sol est arrêté, c'est-à-dire après plusieurs mois de remaniements successifs partiels pendant lesquels la rue conserve l'aspect d'un perpétuel chantier donnant au public le sentiment de quelque chose de désordonné et de mal conduit. C'est cependant une conséquence inhérente à la nature des travaux et qui explique la plupart des encombrements prolongés de la voie publique.

Phases successives de la construction d'une ligne métropolitaine. — Examinons maintenant le cas de la construction d'une ligne métropolitaine souterraine.

Les grands travaux de ce genre ne s'exécutent pas à Paris dans un sol vierge où l'on peut se mettre à l'œuvre sans aucune précaution préalable : le sol de Paris est encombré d'une foule d'ouvrages qu'il faut le plus souvent modifier avant de rien entreprendre, et, bien souvent, cette modification ne saurait du premier coup être faite d'une manière définitive; il faut recourir à des modifications provisoires de courte durée et ne réaliser ensuite l'état définitif que lorsque l'ouvrage principal est terminé.

Des exemples pris sur des points ayant donné lieu à une succession de travaux quelque peu importants rendront mieux compte de la complexité et de la diversité des opérations qu'entraîne l'établissement d'une ligne métropolitaine.

Premier Exemple. — *Souterrain courant Boulevard Voltaire, entre la place de la République et le Boulevard Richard-Lenoir (ligne n° 5).*

1° **Travaux préliminaires.**

Déviation d'égouts
Déviation de conduites d'eau } Service des Eaux et de l'Assainissement.
Déviation de conduites de gaz (Société du Gaz de Paris).

Déplacement des appareils d'éclairage et repose des branchements d'éclairage privé (Société du Gaz de Paris).

2° **Construction du Métropolitain et travaux consécutifs.**

Installation de chantiers pour puits d'attaque et dépôts de matériaux (Service du Métropolitain).

Déviation d'égout à la traversée de la rue de Crussol pour la construction des accès de la station Oberkampf (Service des Eaux et de l'Assainissement).

Déviation des conduites de gaz à l'emplacement de la station (Société du Gaz de Paris).

Construction des accès de la station (Compagnie du Métropolitain).

3° **Réfections définitives.**

Remise en état des trottoirs (Service de la Voie Publique).
Remise en place des appareils d'éclairage (Société du Gaz de Paris).
Remise en place des appareils hydrauliques (Service des Eaux et de l'Assainissement).
Remise en place des voies de tramways (Compagnie des Omnibus).
Remise en état de la chaussée (Service de la Voie Publique).

DEUXIÈME EXEMPLE. — *Station Métropolitaine « Cadet » et souterrain double rue Lafayette entre le square Montholon et la rue Cadet (ligne n° 7).*

1° **Travaux préliminaires. — Ordre de l'exécution.**

Dépose de la conduite de gaz de 1 mètre entre les rues Riboutté et Cadet : tranchée longitudinale sous trottoirs pairs (Société du Gaz de Paris).

Construction de murs de masque le long des façades paires et impaires au droit de la station, pour garantir les fondations des immeubles ; ouverture de puits sous trottoirs avec galeries souterraines (Service du Métropolitain).

Pose de conduites de gaz provisoires en plomb le long des façades paires et impaires et dans la traversée de la rue Lafayette vers le square Montholon : tranchée longitudinale sous chacun des trottoirs et une tranchée transversale (Société du Gaz de Paris).

Report des candélabres contre les façades (Société du Gaz de Paris).

Pose provisoire de câbles armés pour l'électricité sous chaque trottoir : tranchées longitudinales (Secteur Électrique).

Modification et déplacement des égouts sous trottoirs côtés pair et impair : ouverture de puits sous les trottoirs pairs et impairs (Service des Eaux et de l'Assainissement).

Déplacement de chambre téléphonique, plateau Cadet : ouverture d'une tranchée (Service des Télégraphes).

Pour assurer la circulation, il a fallu procéder à des réfections provisoires après chaque genre de travail.

2° **Construction du Métropolitain.**

Établissement des chantiers avec monte-charges rue Bleue, place Cadet et square Montholon : puits de service sur les deux côtés de la chaussée jusqu'à la fin du chantier (Service du Métropolitain).

Relèvement du sol, des voies de tramways et remblais nécessités par des tassements ou des excavations (Service de la Voie Publique et Compagnie des Omnibus).

3° **Réfections définitives.**

Repose de la conduite de gaz et des candélabres. Dépose des conduites en plomb provisoires. Réouverture des tranchées déjà faites lors des travaux préliminaires (Société du Gaz de Paris).

Ces deux exemples montrent dans leur succession obligée la multiplicité des opérations à coordonner.

La complication des mesures à prendre n'est pas du désordre : c'est l'expression de nécessités matérielles auxquelles doivent suffire les Services municipaux et dont ils s'efforcent d'atténuer la gêne.

V

RÉPONSE A QUELQUES CRITIQUES

Le refuge du boulevard des Italiens. — Dans son numéro du 19 août 1909, le journal *Le Temps* signale l'incohérence avec laquelle sont organisés les travaux municipaux. Nous relevons, notamment, le passage suivant :

. . . .

« A quelques centaines de mètres de l'Opéra, nous avons vu dépaver et repaver trois fois de suite la chaussée : d'abord pour construire un refuge, ensuite pour l'orner d'un réverbère, et enfin pour mettre ce réverbère en communication avec une conduite de gaz. Et ce n'est pas fini ». . . . .

. . . .

Il s'agit de la construction, boulevard des Italiens, près de la rue de Richelieu, d'un refuge demandé par le Comité Consultatif de la circulation, dans sa séance du 27 janvier 1909.

Commencés le 24 Juillet, les travaux se sont poursuivis normalement. Le 28, la pose des bordures était terminée. On peut seulement critiquer la Compagnie Edison qui a attendu une semaine (du 2 au 9 août) avant d'exécuter la pose du candélabre. Ce retard ne nuisait d'ailleurs en aucune façon à la circulation, puisque, pendant cette période, aucune fouille n'est restée ouverte sur la voie publique et que le refuge était éclairé pendant la nuit. La chaussée n'a été dépavée que deux fois et à des endroits différents : la première fois pour installer le refuge, et la seconde pour relier le candélabre à la canalisation électrique : on ne pouvait faire moins.

M. le Préfet lira avec intérêt les explications très décisives et les observations fort justes qu'a présentées, à l'occasion de la réclamation du journal *Le Temps* et sur ma demande, M. l'Ingénieur en Chef adjoint du Service de la Voie publique. Je les reproduis textuellement ci-après :

« La succession des travaux suivant leur nature et leur importance est une règle qu'il est impossible de ne pas suivre. Chaque espèce de travaux comporte l'apport d'approvisionnements divers et l'emploi d'ouvriers différents. Si l'on prétendait mélanger les matériaux et les corps d'état qui les mettent en œuvre, on se heurterait à des difficultés inextricables et on allongerait la durée des opérations au lieu de la réduire. La circulation se trouve fort bien de la mesure adoptée, car durant toutes les besognes préliminaires elle n'éprouve que des gênes absolument insensibles.

» C'est ce qui est arrivé boulevard des Italiens. L'établissement du refuge, bien qu'il ait exigé une démolition partielle de la chaussée, puis l'apport de ciment, de sable, de moellons et de bordures de trottoirs en granit, s'est effectué sans que les voitures — d'ailleurs aussi peu nombreuses que possible en cette saison — subissent autre chose que quelque ralentissement dans leur marche.

» Puis est arrivé le candélabre en fonte avec sa lanterne. Pouvait-on sérieusement songer à le déposer sur le chantier en même temps que les bordures de trottoir? Celles-ci auraient trop risqué de l'endommager. Quant à le dresser pendant que les granitiers étaient encore à l'œuvre, personne ne saurait, croyons-nous, le proposer.

» Pour ce qui est de la canalisation, il ne faut pas oublier qu'après avoir traversé une partie des trottoirs et de la chaussée elle se prolonge dans le candélabre lui-même. On ne doit donc l'entreprendre, sous peine d'être obligé de l'interrompre, que lorsque le candélabre est prêt à la recevoir. Son exécution entrave nécessairement quelque peu le passage des véhicules : mais il est impossible qu'il en soit autrement.

D'ailleurs, comme il importe de réduire cet inconvénient au minimum, au fur et à mesure qu'on remblaye la chaussée, on rétablit sur son emplacement un pavage rudimentaire.

» Une fois que le chantier se trouve ainsi préparé et qu'on est débarrassé de toutes les besognes qui exigeraient des apports de matériel ou de matériaux spéciaux et l'emploi d'ouvriers divers, on commence en grand l'exécution du pavage en bois, avec la certitude de n'être plus arrêté par aucun obstacle. Et on comprend dans le travail la réfection du béton au-dessus de la tranchée du candélabre qu'on s'était gardé de faire plus tôt, de peur de retarder l'achèvement de l'un des travaux préliminaires. Si l'on eût procédé autrement, si l'on eût prétendu faire à la fois, les mêmes jours, au même endroit, de la démolition de pavage, de la maçonnerie, du travail de granit, une pose de candélabre, une canalisation électrique et du pavage en bois, on eût tout compliqué et tout encombré; au lieu d'accélérer l'opération on l'eût retardée ou plutôt on l'eût rendue impossible : et c'est alors que des plaintes fondées auraient dû se produire. »

Histoire d'une tranchée. — Dans ses numéros des 22, 23, 24 et 25 août 1909, sous le titre « Histoire d'une tranchée », le journal *Le Temps* signale qu'une tranchée ouverte le 14, boulevard des Italiens, n'est pas encore comblée et critique l'exécution de ce travail.

Dans son numéro du 25 août, le journal *L'Écho de Paris* signale également l'existence de cette tranchée.

Il s'agit d'une tranchée, ouverte par la Société du Gaz, pour réparation de fuite sur le branchement de gaz du candélabre d'éclairage public n° 204, situé sur le trottoir du boulevard des Italiens n° 5, au droit de l'immeuble où sont installés les bureaux du journal *Le Temps*.

Le jour de l'ouverture de la fouille, le 14 août, il fut constaté que le branchement était percé et de telle façon qu'il y avait lieu de supposer qu'on se trouvait en présence d'un effet d'électrolyse, les canalisations électriques de deux Secteurs (Édison et Air comprimé) passant à proximité. Dans le but de réserver les intérêts de la Société du Gaz en faisant supporter par l'auteur responsable le montant de la dépense entraînée par la réparation et de rechercher cet auteur, autant que pour prévenir le retour d'accidents semblables ou plus graves au même endroit, la Société du Gaz pria les Secteurs intéressés de se faire représenter à un constat sur place. Les opérations des experts, contrariées un jour par une pluie très abondante qui s'opposait à la coupure des câbles armés du Secteur de l'Air comprimé et un autre jour par une négligence du Secteur Édison, durèrent cinq jours et c'est seulement le mercredi 25 que la fouille fut remblayée et le lendemain que le candélabre fut remis en service.

Cette fouille était évidemment d'un fâcheux aspect avec son entourage, son dépôt de terre et de matériel dans l'un des quartiers les plus mouvementés de Paris. Sa durée est due à des circonstances fortuites qui ne permettent pas d'incriminer l'Administration municipale.

Des circonstances analogues : nécessité d'une expertise pour reconnaître des effets d'électrolyse, s'étant produites rue de la Jonquière (XVII⁰ arrondissement) où une tranchée de canalisation de gaz est restée ouverte pendant plusieurs semaines, il m'a paru qu'il y avait lieu d'intervenir, et, à la date du 6 octobre courant, j'ai adressé à M. l'Administrateur délégué de la Société du Gaz la lettre suivante :

Paris, le 6 octobre 1909.

Monsieur l'Administrateur délégué.

Lorsque des fuites sur les conduites ou les branchements de gaz sont ou paraissent provoquées par des faits d'électrolyse dus au voisinage de canalisations électriques, vous prenez, avec juste raison, l'initiative d'un constat pour déterminer les responsabilités ; mais cette opération entraîne parfois des délais assez longs et occasionne une gêne considérable pour la circulation si la fouille reste ouverte avec ses terres en dépôt sur place.

Cette situation ayant provoqué dans diverses circonstances des plaintes justifiées, je vous prie de prendre à l'avenir, dans tous les cas de ce genre, les dispositions suivantes :

Enlever immédiatement les terres de la fouille et les vieux matériaux ;

Faire établir un plancher provisoire continu et bien réglé sur lequel on puisse circuler aisément de jour et de nuit.

Les dépenses de ce travail seraient, comme d'une manière générale les frais de constat, à la charge de qui il appartiendrait.

J'adresse copie de la présente lettre à M. le Chef du Service technique de la Voie publique et de l'Éclairage pour en surveiller l'exécution.

Veuillez agréer, etc.

Le Directeur Administratif des Travaux de Paris,

Signé : De Pontich.

Exécution de travaux électriques après des travaux de pavage rues de Douai et Le Peletier. — Il a été signalé que rues de Douai et Le Peletier la pose de canalisations électriques aurait succédé aux travaux de pavage exécutés dans ces voies, occasionnant ainsi une double gêne aux riverains.

Voici la réponse :

En ce qui concerne la rue Le Peletier, un remaniement de pavage en bois a été effectué du 16 au 26 août 1909 entre les rues Rossini et La Fayette. Une transformation de canalisation électrique a été exécutée le 27 mars 1909

entre le numéro 5 et la rue Rossini, c'est-à-dire dans une partie non intéressée par l'opération susvisée.

Non seulement les deux natures de travaux ont été réalisées dans des
parties différentes, mais encore la transformation électrique a précédé les
travaux de pavage.

Quant à la rue de Douai, il est exact qu'un convertissement en bois
partiel a été exécuté entre les rues Blanche et Fontaine, du 3 au 14 mai 1909,
et que le Comité de l'Union des Secteurs Électriques Parisiens a fait poser
une canalisation électrique sous le trottoir impair dans cette même partie
du 28 juillet au 4 août 1909. Toutefois, il convient de remarquer qu'il n'est
résulté de ces deux opérations aucune gêne supplémentaire pour les riverains, car, pour le convertissement, la chaussée seule était intéressée, alors
que pour la canalisation il n'a été pratiqué de fouille que sous le trottoir;
ce dernier n'ayant pas été touché lors du convertissement, il n'y avait
aucun intérêt à faire exécuter les travaux électriques avant l'opération de
convertissement.

Dans les deux cas signalés il n'y a donc eu aucune fausse manœuvre.

*Pourquoi ne construit-on pas les accès aux lignes métropolitaines en même
temps que l'ouvrage principal ?* — M. le Préfet trouvera la réponse à cette
critique souvent faite dans le rapport ci-après (1) de M. l'Inspecteur général
Bienvenüe, lequel établit qu'au point de vue technique il n'est pas impossible de mener de front les travaux du chemin de fer et ceux des accès.

Toutefois, il convient d'observer que les projets d'accès, préparés par
le Service technique, doivent être ensuite soumis à une instruction par voie
de conférence entre les services intéressés. Ces conférences sont souvent
longues et compliquées, ce qui s'explique par la multiplicité des intérêts
en jeu ; elles ont souvent abouti à des changements considérables qui
nécessitent une délibération du Conseil. On a même vu des changements
demandés après la délibération entraîner une étude nouvelle et nécessiter
une nouvelle délibération. Ce n'est qu'ensuite que les projets définitifs
peuvent être approuvés, arrêtés et entrepris.

L'on pourrait toutefois emboîter en quelque sorte la construction des
accès sur celle de l'infrastructure de manière à préparer en même temps
les parties communes. Il faudrait seulement que la Compagnie du Métropolitain prît l'initiative des projets d'accès aussitôt après l'approbation des
projets d'infrastructure.

(1) Voy. page 3.

V I

MESURES PROPOSÉES

L'Unité de chantier. — Dans un article du journal *Le Matin*, du 6 septembre 1909, M. Adolphe Chérioux, Président de la 3ᵉ Commission, après avoir reproduit les critiques que j'ai rappelées plus haut (p. 11), propose les mesures suivantes :

« A cela, il n'y a et il n'y aura jamais qu'un remède — je l'ai indiqué souvent, mais en vain — c'est « l'unité de chantier ». Je m'explique.

» Il faudrait que la Direction des Travaux centralisât à l'avance toutes les opérations à exécuter, dans une année, par exemple, sur et sous la voie publique : pavage, égouts, canalisations électriques, conduites de gaz, plantations, fontainerie, etc., qui dépendent de services différents. Cela fait, la Direction n'aurait qu'à répartir les travaux dans chaque Section, de manière que l'Ingénieur de celle-ci soit avisé de tout ce qui va s'exécuter dans les rues de sa Section et qu'il prenne des mesures en conséquence. Aujourd'hui cet Ingénieur a dans ses attributions le pavage, le bitumage l'enlèvement des ordures ménagères, le nettoiement et l'arrosement. Mais alors il ignorera qu'après avoir refait un beau trottoir tout neuf on va venir le lui défoncer pour ouvrir une tranchée de gaz ou d'électricité, ou qu'on lui posera un rail dans une rue qu'il viendra de faire paver ! Que d'exemples de cette incohérence n'ai-je pas cités déjà à la tribune du Conseil municipal !

» Eh bien ! avec l'unité de chantier, tout cela disparaîtrait, pour le plus grand bien des Parisiens, des contribuables, dont on gêne inutilement la circulation et dont on gâche l'argent. »

D'autre part, M. Frédéric Brunet, Président de la Commission de Contrôle technique des travaux, a, au cours des visites de chantiers faites en septembre dernier par la Commission, indiqué qu' « il faut que chaque Ingénieur, placé à la tête d'une circonscription de la voirie, ait seul le droit d'autoriser les travaux sur la voie publique, dans l'étendue de sa circonscription ».

Ce sont ces propositions qui sont qualifiées « unité de chantier. »

Leurs auteurs n'ignorent pas que « l'unité de chantier » a été réalisée, en 1895, dans les Services de la Direction des Travaux de Paris.

Le 28 décembre 1894, par application d'une résolution votée le 31 mars 1893 sur le rapport de M. Sauton, le Conseil municipal a pris une délibération approuvant l'organisation, dans les Sections d'Ingénieurs, de 52 Circonscriptions de Conducteurs « constituant l'unité de chantier » et comprenant tous les Services de la Direction des Travaux, sauf les Services ci-après, en raison de leur caractère spécial :

Exploitation de la Carrière des Maréchaux ;
Réception de matériaux neufs ;
Entretien et exploitation des canaux ;
Entretien des aqueducs ;
Distribution des eaux ;
Usines et machines élévatoires ;
Entretien et curage des égouts ;
Assainissement de la Seine ;
Vérification du gaz et des compteurs ;
Inspection de l'éclairage électrique.

L'organisation résultant de cette délibération n'a pas été modifiée ; l'Ingénieur de Section est chargé « du dessus et du dessous ». Il n'y a d'exception que pour les modifications d'égouts et de conduites d'eau nécessitées par la construction du Métropolitain et qui, exigeant la connaissance complète du réseau des canalisations souterraines, sont confiées aux Ingénieurs du Service des égouts et du Service des Eaux, les Ingénieurs de Sections étant chargés de la construction des égouts et de la pose des conduites d'eau dans les voies qui en sont dépourvues.

Je ne parle pas, bien entendu, des travaux mêmes du Métropolitain. Ils sont de telle importance que le Conseil municipal a voulu, dès la première heure, les confier à un service spécial. (Délibération du 30 mars 1898.)

Je ne fais pas non plus d'exception pour les canalisations de gaz et d'électricité, puisqu'aux termes de l'arrêté du 13 novembre 1907 les Ingénieurs de Sections sont chargés, notamment, de la surveillance des travaux.

On ne peut nier, malgré ces réserves, que l'organisation des sections ne permette, précisément, de coordonner tous les travaux exécutés par les Services municipaux.

MM. Chérioux et Brunet proposent d'y faire rentrer, en quelque sorte, les travaux exécutés par les Compagnies concessionnaires.

A cette fin, les Compagnies seraient invitées à produire, au début de chaque année ou de chaque semestre, le relevé des travaux qu'elles comptent entreprendre.

Je ne vois, dans les contrats avec la Société du Gaz (art. 39 et 40 du cahier des charges (canalisations) et la Compagnie des Eaux, rien qui s'oppose à une entente dans cet ordre d'idées.

En ce qui concerne l'Union des Secteurs, elle a présenté, pour l'exécution de l'article 6 de la convention, des tableaux de première et deuxième urgence indiquant les voies qu'elle se propose de canaliser, et elle nous adresse les projets d'exécution successivement. On peut lui demander de préciser, six mois à l'avance, les voies qui seront comprises dans ces projets.

J'aurais, il y a quelques mois, fait une réserve en ce qui concerne les Compagnies de tramways, généralement peu disposées à marcher de concert avec les Services municipaux. Mais le nouveau cahier des charges (art. 10 dernier paragraphe, et 13 *bis*) et le projet de convention (art. 5 et 7), notamment, contiennent, en ce qui concerne les réfections de voies et les travaux édilitaires qu'elles entraînent, des prescriptions qui pourront être utilement invoquées.

Cependant, il faudra toujours compter avec l'imprévu. Si l'on peut, à l'avance, dresser les plans de campagne des travaux neufs, de grosses réparations, et même d'entretien normal et périodique, les accidents ou seulement les incidents sont susceptibles, fréquemment, de les modifier.

Proposition de M. Dausset. — Dans son rapport général sur le Budget de 1909, page 133, M. Dausset a indiqué une série de principes qui devraient présider aux autorisations d'établissement de chantiers. Ces indications ont été reproduites dans le numéro du *Journal* du 4 octobre courant. J'ai demandé à ce sujet l'avis de MM. les Chefs des Services techniques dans un rapport commun qui doit m'être produit vers la fin du présent mois.

VII

RÉSUMÉ ET CONCLUSIONS

Les travaux qui s'exécutent sur ou sous la voie publique sont toujours, à l'exception de ceux d'entretien courant, des travaux autorisés par délibérations du Conseil municipal, qu'il s'agisse des opérations comprises aux plans de campagne (pavage en pierre et en bois, asphalte, trottoirs et viabilité,

égouts) ou des grands travaux tels que ceux du Métropolitain et de la
Nord-Sud.

J'ai démontré que les mesures relatives à l'ouverture, à l'emplacement, aux
dimensions des chantiers, ne sont pas livrées à l'arbitraire des entrepreneurs,
qu'elles font l'objet de conférences entre tous les Services intéressés, qu'enfin, le Conseiller Municipal du quartier entendu, elles doivent recevoir l'approbation de la Préfecture de Police, chargée d'assurer la liberté de la circulation.

L'abus ici peut se glisser, comme en toutes choses. J'ai montré que
nous étions armés soit par notre action sur les entrepreneurs, soit en faisant
intervenir la Préfecture de police, pour ramener aux limites autorisées les
surfaces des chantiers ; que la Direction administrative des Travaux a très
souvent pris l'initiative, à cet égard, d'instructions générales et de mesures
particulières. Elle continuera son action, sans se substituer toutefois aux
agents locaux chargés de la surveillance.

Cette constatation faite, il sera permis au soussigné de déclarer que les
abus ne sont pas et n'ont pas été très grands. Il suffit de parcourir, pour s'en
convaincre, les procès-verbaux des visites faites par la Commission de Contrôle technique des travaux dans le courant de septembre dernier. Çà et là,
la Commission a demandé un rescindement de quelques mètres, le recule-
ment d'une palissade, etc. ; son intervention a donc été utile. On ne peut
dire néanmoins qu'elle ait rencontré et signalé, sur les chantiers de la Ville,
des abus criants ou un état de choses intolérable.

En particulier sur l'Esplanade des Invalides (7ᵉ lot de la ligne nᵒ 8) frappée
de l'importance du dépôt des fontes destinées à l'ouvrage de la traversée de
la Seine, la Commission a demandé l'évacuation de ce dépôt dans le délai
de deux ou trois mois.

Le Service technique — dans une note que je ne reproduis pas pour ne
pas allonger le présent rapport, mais que je me propose de communiquer
au président de la Commission — établit qu'il est impossible d'escompter ce
résultat.

Personne n'espère et n'ose affirmer que des travaux véritablement colos-
saux, comme ceux du Métropolitain, puissent s'effectuer sans causer une
gêne momentanée. Cette gêne n'est rien par rapport aux avantages que pro-
cure à la population l'ouverture d'une nouvelle ligne; elle est d'ailleurs vite
oubliée. A cet égard, les travaux exécutés sur le fleuve, à la Cité, place
Saint-Michel, notamment, ont été une excellente leçon de choses pour le

public, qui s'est rendu compte des difficultés qu'a su vaincre la science des ingénieurs. Et c'est pourquoi il supporte avec patience — quoi qu'on en dise — les embarras de la voie publique.

Je crois avoir établi aussi — peut-être trop longuement — qu'en ce qui concerne l'exécution des travaux la Ville se trouve obligée, par des raisons techniques, dans l'intérêt du bon ordre des chantiers, de la facilité de surveillance, du fonctionnement permanent des égouts, des conduites d'eau et d'éclairage, de sérier les opérations. Et s'il arrive — ce n'est pas fréquent — que l'on ouvre de nouveau une chaussée ou un trottoir récemment refaits, c'est que, entre les opérations successives qu'exige chaque travail, l'intérêt de la circulation des voitures et des piétons commande que l'on rétablisse le sol de la chaussée et les trottoirs. Les plaintes seraient extrêmement vives si on laissait les fouilles ouvertes. Et, d'autre part, nous ne pouvons nous opposer à ce qu'un propriétaire demande l'établissement d'un branchement particulier d'eau, par exemple, quelques jours après l'achèvement du pavage de la chaussée ou du dallage du trottoir.

J'ai, enfin, admis que l'on pourrait réaliser ce que l'on a appelé l'unité de chantier et qui n'est, en somme, que la coordination des travaux exécutés par les Services municipaux et de ceux exécutés par les concessionnaires des Services publics, en indiquant, toutefois, que les dérogations seraient probablement nombreuses, à raison de la multiplicité des besoins de Paris et, par suite, des installations établies sur ou sous la voie publique.

Cette mesure, ajoutée à la surveillance des chantiers et des autorisations accordées, me paraît être la seule à adopter à une époque de transformations et d'améliorations édilitaires comme celle que nous traversons. Ainsi que M. le Préfet l'indiquait cette année même dans une autre circonstance, c'est la patience qu'il convient de recommander à la population. Ses représentants autorisés ont voté, avec toutes les conséquences qu'il comporte, un programme de travaux qui atteint un milliard et demi. En ce qui concerne la Direction administrative des Travaux, seule, voici un aperçu des opérations à réaliser dans un délai que tout le monde, public et Conseillers municipaux, veut très court :

Réseau complémentaire du Métropolitain, comprenant dix lignes nouvelles, dont une, dite Ceinture intérieure, suivra les grands boulevards, de la Madeleine à la Bastille, et intéressera trente et un quartiers. Il faut s'attendre à ce que les chantiers, sur ce parcours, donnent lieu, quoi qu'il advienne, à des récriminations ;

Remaniement du réseau des conduites d'eau de rivière pour assurer le Service public et industriel et desservir le tout-à-l'égout dans les maisons ; achèvement du réseau des égouts ; amélioration des collecteurs ; adduction de nouvelles sources et extension de la petite canalisation ;

Établissement de 100 kilomètres de canalisations électriques par an pendant les années 1910, 1911 et 1912 ;

Travaux d'extension des usines à gaz, qui nécessiteront des remaniements importants du réseau des conduites ;

Transformation de la traction des tramways et généralisation du caniveau souterrain.

Par les réclamations qu'ont soulevées les travaux de cette nature exécutés rue du Quatre-Septembre et pour le groupe des lignes du Châtelet, on peut prévoir celles auxquelles donnera lieu la réalisation d'un plan d'ensemble ;

Travaux des plans de campagne annuels et, en particulier, des convertissements en bois de chaussées pavées en pierre ou macadamisées, etc.

La Direction des Travaux s'efforcera, comme elle l'a fait toujours, de concilier, dans l'exécution de ce vaste programme, les nécessités du travail avec les intérêts de la circulation et des riverains, sans se dissimuler que sa tâche est souvent ingrate.

12 octobre 1909.

Le Directeur Administratif des Travaux de Paris,
H. DE PONTICH.

ENCOMBREMENTS DE PARIS

Conclusions pratiques de M. BRUNET, Conseiller Municipal,

PRÉSIDENT DE LA COMMISSION TECHNIQUE

RAPPORT DE M. L'INSPECTEUR GÉNÉRAL

Chef du Service technique de la Voie publique et de l'Éclairage.

M. le Conseiller municipal Brunet, Président de la Commission technique qui poursuit une enquête sur les encombrements de Paris causés par les travaux considérables qui s'y exécutent actuellement, a formulé les conclusions pratiques qui lui paraissent résulter des visites de chantiers faites par ladite Commission.

Nous allons examiner successivement les différents points de ces conclusions, que nous ne connaissons d'ailleurs que par la publication qui en a été faite dans certains journaux.

La mesure proposée est appelée à tort « Unité de chantier », puisqu'il s'agit seulement, en effet, d'attribuer à l'ingénieur de section le droit de fixer la date d'exécution des travaux. Aussi, la plupart des ingénieurs de section trouvent-ils la mesure insuffisante et formulent l'avis qu'ils devraient être chargés de tous les travaux qui s'exécutent dans la section, à l'exception toutefois des travaux exceptionnels des lignes métropolitaines ; ils en donnent comme motif le peu d'action qu'ils auront, quoi que l'on fasse, sur le personnel des autres services municipaux ; il conviendrait de prendre sur ce point l'avis de M. l'Ingénieur en Chef des Eaux et de l'Assainissement.

> A. — En premier lieu l'unité de chantier s'impose. Il faut que chaque ingénieur placé à la tête d'une circonscription de la voirie ait seul le droit d'autoriser des travaux sur la voie publique dans l'étendue de sa circonscription.

Néanmoins, la mesure proposée par M. le Conseiller Brunet, bien qu'elle puisse être taxée d'insuffisance, paraît devoir produire des résultats appréciables. Voyons comment on pourra l'appliquer.

Tout d'abord, ce n'est pas au mois de mai qu'il convient d'arrêter les plans de campagne : c'est beaucoup trop tard et on perd ainsi un temps précieux, tant pour la bonne exécution des travaux que dans l'intérêt des ouvriers eux-mêmes que les entrepreneurs ne peuvent pas toujours occuper utilement.

> B. — Au mois de mai, le Conseil municipal votera tous les plans de campagne à exécuter pendant la

période suivante de douze mois ; à la même époque, les services concédés devront fournir la liste des travaux qu'ils veulent entreprendre sur la voie publique.

Il sera facile à l'Ingénieur-chef de la circonscription, une fois armé de ces documents, de coordonner les divers travaux à faire sur un point unique ; d'éviter, par exemple, que l'on ne procède à une réfection de pavage avant une pose de rails ou une modification à des canalisations qui nécessitent un chambardement de la chaussée.

Il est donc tout à fait désirable que le Conseil municipal vote les plans de campagne au début de sa session de mars. Nous demanderions même qu'il les votât plus tôt s'il était possible d'avancer la date de sa première session ; car on ne peut arrêter et entreprendre les travaux de grosse réparation, imputés sur les crédits d'entretien, que lorsque l'on est fixé au sujet des travaux dotés par le Conseil municipal.

Les divers services ou concessionnaires qui ont des travaux à exécuter sur la voie publique sont :

1° Le Service des Eaux et de l'Assainissement ;

2° Le Métropolitain (Service technique) ;

3° Le Métropolitain (Compagnie) ;

4° Les Compagnies des Omnibus et de Tramways ;

5° Les concessionnaires de gaz, d'électricité, et de l'air comprimé.

Ces divers intéressés devraient établir par section d'ingénieur et nous faire parvenir le 1er mars (sauf, pour le Service des Eaux et de l'Assainissement, à compléter ses renseignements après le vote du plan de campagne par le Conseil municipal) un tableau, avec dates d'exécutions projetées, des travaux qu'ils se proposent d'entreprendre au cours de l'année.

Au moyen de ces états et des tableaux de même nature concernant la Voie publique et l'Éclairage, l'ingénieur de section dresserait, d'accord autant que possible avec ses collègues des autres services, le plan de campagne général des travaux à exécuter pendant l'année.

Nous avons dit plus haut que la mesure proposée par M. le Conseiller Brunet donnerait des résultats appréciables ; mais il faut bien se garder de croire qu'elle remédiera à tout.

Qu'arrivera-t-il si, par exemple, le Conseil municipal retarde le vote des plans de campagne ou si l'approbation préfectorale des votes du Conseil municipal se fait attendre ? Car il est indispensable, nous le répétons, de répartir les opérations annuelles sur une période aussi longue que possible ; et puis, certains travaux à exécuter par un concessionnaire ne pourraient être reculés autant qu'on le voudrait. Il convient d'appeler sur ce point toute l'attention des bureaux compétents.

D'autre part, le plan de campagne général que devra dresser l'ingénieur de section pourra-t-il être établi sans difficulté, et, une fois établi, sera-t-il suivi sans modification par tous les intéressés ?

Il faut compter en tout cas avec les travaux urgents ou imprévus, les accidents, les fuites.

Cette réserve faite, il est fort probable que le plan de campagne établi par l'ingénieur de section sera respecté par les services municipaux et aussi par la Société du Gaz de Paris ; mais nous ne pouvons être aussi affirmatif en ce qui concerne les secteurs d'électricité et les Compagnies de Tramways.

La construction de galeries et la pose de feeders font partie d'un programme d'ensemble arrêté à l'avance ; mais l'Union des Secteurs l'exécute à sa guise après en avoir soumis les projets de détail à l'ingénieur de section. Ces travaux doivent d'ailleurs être exécutés le plus rapidement possible pour permettre au concessionnaire de remplir les conditions de son cahier des charges. Quant aux canalisations distributrices, elles sont posées au fur et à mesure que les demandes d'abonnement se produisent, c'est-à-dire sans aucun programme arrêté d'avance. Nous devons compter sur la bonne volonté de l'Union des Secteurs; mais cela suffira-t-il ? Les moyens de coercition nous font, d'ailleurs, défaut.

Il faut envisager également des difficultés du côté des Compagnies de Tramways. Depuis longtemps déjà, avant l'exécution des plans de campagne annuels, notre service fait tous ses efforts pour réaliser la coordination à laquelle M. le Conseiller Brunet et ses collègues accordent leur appui. Mais les Compagnies de Tramways ne répondent pas toujours aussi vite et aussi complètement qu'il serait désirable aux demandes des sections. Elles cherchent, en général, à n'exécuter leurs travaux que lorsqu'ils sont inévitables et alors elles peuvent arguer de la sécurité publique pour les effectuer sans délai. Ce ne sont pas, d'ailleurs, les ingénieurs municipaux qui sont chargés du contrôle des tramways.

Ajoutons à tout cela que certains travaux se trouvent retardés par les grèves de plus en plus fréquentes, par les difficultés soulevées par les entrepreneurs et les délais nécessaires pour les résoudre, et que d'autres travaux doivent être avancés pour donner satisfaction à des réclamations légitimes.

On voit, — sans parler de toute la besogne de correspondance et autre qui en résultera pour notre Service, — que la mesure en question sera d'une application quelque peu difficile et ne saurait constituer un remède souverain.

Quoi qu'il en soit, cette mesure devra être complétée par un avis d'exécution de travaux que l'ingénieur de section enverra à tous les intéressés susindiqués, quinze jours à l'avance, lorsqu'il voudra entreprendre une réfection de chaussée ou de trottoir. Cet avis invitera à nouveau les autres services à faire connaître qu'ils n'ont, pour le moment, aucun travail à exécuter.

On s'efforce déjà de limiter le plus possible la surface occupée par les chantiers. Quant à la conférence préalable sur place, elle est quelquefois utile; on se rend beaucoup mieux compte, toutefois, sur un plan de la gêne que les emprises demandées pourront causer à la circulation; il n'est pas possible sur place de délimiter les emprises.

Tous les emplacements de chantiers du Métropolitain et du Nord-Sud font l'objet, avant autorisation, d'une conférence entre les services intéressés. Peut-être conviendrait-il qu'il en fût de même pour tous les travaux de quelque importance affectant le sous-sol de la voie publique. Toutefois, ces conférences exigent de longs délais et un gros travail d'écritures et de dessins; nos Services étant déjà trop surchargés de travaux de bureau, nous estimons qu'il convient de maintenir sur ce point les usages actuels.

On ne peut remplacer les resserres établies sur la voie publique que par des resserres souterraines; or, les crédits nécessaires nous font absolument défaut.

L'installation de guérites pour les surveillants et aussi de bureaux sur la voie publique, lors de l'exécution de travaux importants, est inévitable, même en admettant que l'on dispose de crédits suffisants.

Faut-il rappeler ici que la voie publique est encombrée, chaque jour un peu plus, par les étalages et les concessions de toute nature ?

C. — Il faut également que l'on surveille de très près la surface occupée par les chantiers. Tout établissement de ce genre devra être précédé d'une conférence sur place, en présence des services intéressés et de façon à juger quelles entraves seront apportées à la circulation.

D. — Il faut arriver à la suppression absolue des resserres et des bureaux sur la voie publique.

E. — Le travail de nuit est indispensable dans toutes les voies à circulation intense.

Les inconvénients des travaux de nuit, au point de vue technique, sont connus : ils coûtent fort cher, ils sont très lents, et la surveillance en est très difficile. Les riverains eux-mêmes se plaignent du trouble qu'ils causent dans leur repos. Aussi ne convient-il d'y recourir que dans des cas où un intérêt majeur l'exige.

F. — Enfin, je voudrais qu'on instituât à la Ville des primes d'avancement destinées aux travaux sur la voie publique, terminés avant la date fixée. Ces primes seraient attribuées à la fois à l'entrepreneur et à ses ouvriers.

L'allocation de primes aux entrepreneurs a été supprimée par le Conseil municipal dans les travaux du Métropolitain.

Le système préconisé par M. le Conseiller Brunet serait d'une réalisation délicate ; il serait la source de difficultés continuelles avec les entrepreneurs et leurs ouvriers. Du reste, ce serait un retour indirect à l'exécution des travaux à la tâche. Il est douteux qu'une telle mesure réponde aux goûts des ouvriers. Elle serait onéreuse pour la Ville, sans présenter d'intérêt réel, et pourrait même nuire à la bonne exécution des travaux.

Les cahiers des charges fixent les délais dans lesquels les travaux doivent être exécutés. Ils prévoient des pénalités en cas de prolongation de durée. La Ville est donc suffisamment armée pour éviter une obstruction injustifiée de la voie publique. Les entrepreneurs ont intérêt d'ailleurs à aller vite.

Résumé et conclusions.

En résumé, il paraît utile, comme le propose M. le conseiller Brunet, de charger chaque ingénieur de section de fixer au commencement de l'année le plan d'exécution des différents travaux projetés dans sa section.

Nous nous référons, quant au mode de procéder, aux indications données en A et B ci-dessus, en insistant au surplus sur ce point que si la mesure préconisée par M. le conseiller Brunet paraît devoir produire des résultats appréciables, il faut bien se garder de croire à son efficacité complète et surtout qu'elle mettra fin aux réclamations.

On exécute dans Paris des travaux considérables, nombreux, difficiles, dont la durée est prolongée par des grèves fréquentes. Le public perd patience et la presse ne cherche pas toujours à le calmer et à l'éclairer. La cause du mal est là ; elle est, par conséquent, irrémédiable, et il est à craindre que les quelques améliorations de détail que l'on pourra réaliser au prix des plus grands efforts passent inaperçues du public.

Paris, le 5 octobre 1909.

L'Inspecteur général
chargé du Service technique de la Voie publique et de l'Éclairage,

Signé : BOURREX.

RAPPORT DE M. L'INSPECTEUR GÉNÉRAL

Chef du Service technique du Métropolitain.

La construction d'une ligne métropolitaine (1) comporte l'organisation de chantiers qu'il faut munir de moyens d'action proportionnés à l'importance de l'œuvre et capables de satisfaire à un double objet, évacuation des terres extraites du souterrain, apport des matériaux devant servir à la confection de l'ouvrage. En dehors des cas particuliers se ramenant à l'utilisation des voies d'eau ou des voies ferrées qui se trouveraient à proximité des travaux, l'installation de ces moyens d'action entraîne l'occupation par l'entrepreneur de surfaces plus ou moins étendues de la voie publique.

Des occupations de cette nature comprennent forcément un orifice, le plus souvent un puits, avec les engins de levage ou de traction affectés à la manutention des matériaux; mais elles doivent, le plus souvent, s'étendre davantage pour que la continuité du travail soit assurée : dans cet ordre d'idées, certains espaces sont nécessaires pour régulariser l'équilibre entre l'extraction du déblai et son enlèvement, pour tenir à disposition immédiate les bois dont le terrassement en souterrain fait une consommation ininterrompue, pour suffire à la fabrication des mortiers et à l'approvisionnement continu de la maçonnerie, etc. Les surfaces employées à ces divers usages ont une égale importance au point de vue de la production; et l'on ne saurait, pendant la période de construction, en supprimer aucune sans risquer de paralyser le chantier.

Indépendamment de ces installations affectées à l'exécution des travaux souterrains, dont le caractère commun est de servir à des ouvrages s'étendant souvent très loin du point où le chantier apparent est situé, il y a d'autres occupations, moins nombreuses, à la vérité, mais encore importantes, qui correspondent à l'exécution de travaux se faisant à la surface du sol : tels sont les ouvrages à couverture métallique qui se rencontrent en certains points des lignes

---

(1) Il ne sera question que de lignes métropolitaines souterraines, seules désormais en cause.

métropolitaines, ou encore ceux qui, à titre exceptionnel, se construisent au moyen de fonçages verticaux ; les aménagements souvent compliqués des accès des stations, salles de distribution, couloirs, même escaliers, rentrent dans cette catégorie.

Qu'il s'agisse de l'une ou de l'autre espèce, les règles générales à la clôture, à l'éclairage, en un mot à la police de la voie publique, sont les mêmes ; elles se trouvent contenues dans des articles spéciaux du Devis et Cahier des charges (1). La question est, au moment de la construction, de les appliquer à chacun des cas qui se présentent. Cette application se fait principalement sous deux formes, l'une usitée pour les installations de l'entrepreneur, l'autre adoptée le plus souvent pour les emprises correspondant aux ouvrages du chemin de fer.

La première forme est celle d'un rapport présenté en commun, sur l'initiative du service du Métropolitain, par tous les services que l'occupation de la voie publique peut intéresser. Au début de l'entreprise, l'adjudicataire présente une demande, dans laquelle il définit aussi complètement que possible les emplacements dont il a besoin pour l'organisation de ses chantiers. L'Ingénieur du Métropolitain, après s'être rendu compte de la consistance des occupations réellement nécessaires, consulte les autres services locaux, et arrête, en tenant compte de leurs observations, la détermination des emplacements dont l'occupation est proposée. Le rapport ainsi établi, approuvé par les chefs de service, sert de base à la décision préfectorale qui intervient pour fixer l'étendue et les conditions de cette occupation.

Si ultérieurement, au cours de l'entreprise, de nouvelles installations sont jugées nécessaires, il est procédé de la même façon.

Quand il s'agit d'occupations correspondant à la construction même d'un ouvrage, une autre forme plus simple est le plus souvent adoptée : c'est celle du rapport de barrage par assimilation avec ce qui se pratique pour les travaux de la voie publique. Cette forme bien connue n'appelle pas de remarque spéciale au Métropolitain, si ce n'est de noter qu'en raison de l'importance et de la complication relative des ouvrages, on s'attache, au besoin par des croquis, à définir très nettement les occupations successives. Il convient également de dire que, souvent, des emprises de ce genre intéressent des lignes de tramways, et qu'alors la demande de barrage n'intervient qu'après qu'une instruction régulière en conférence, suivie d'une décision préfectorale, a déterminé les conditions de déviation ou suppression temporaire des voies.

Enfin il importe de signaler ce que l'on peut regarder comme une troisième sorte d'occupation, bien qu'en réalité elle ne soit que l'une ou l'autre des précédentes simplifiée : ce sont les puits isolés qui peuvent se rattacher, soit aux installations de l'entrepreneur, comme moyen d'approvisionnement de matériaux, soit aux emplacements d'ouvrages, comme moyen d'exécution dans des conditions de sujétion. Les puits ont le caractère commun de n'être généralement pratiqués que pour peu de temps, et de se modifier fréquemment suivant les besoins du travail. Ils constituent en réalité un barrage partiel de la voie publique, et c'est la forme du rapport de barrage qui sert à les faire autoriser.

---

(1) Numérotés 33 et 35 pour l'adjudication, dernière en date, de la boucle d'Auteuil (27-29 janvier — 11 mars 1908).

Il est presque superflu de dire que, quelle que soit la forme employée, la proposition d'occupation ou de barrage n'est faite qu'après être soumise aux Conseillers municipaux intéressés et avoir reçu leur adhésion.

Le service du Métropolitain s'applique toujours à réduire au strict indispensable les occupations de voie publique qu'il demande. Cependant, eu égard à l'importance des travaux exécutés, ces occupations s'étendent quelquefois à des surfaces importantes sans que l'on doive en être surpris.

Des exemples frappants, dans cet ordre d'idées, peuvent être trouvés dans ce qui s'est passé ou se passe encore à la place de la Concorde, à la place de l'Opéra, à la place Saint-Michel.

A la place de la Concorde, les entrepreneurs bénéficient du voisinage de la Seine pour l'organisation des transports. Aussi leurs occupations de surface, soit autrefois pour la ligne n° 1, soit récemment pour la ligne n° 8, ont-elles été des plus restreintes. Mais la construction de la ligne n° 8 y comportait l'établissement de tabliers métalliques de couverture très étendus, lequel n'a pu se faire que par pose en fouille ouverte. A la fin de mai 1908, on entoura quelques fouilles de massifs, puis, au début de juillet de la même année, tout l'espace à l'ouest de l'Obélisque, entre le débouché de l'avenue des Champs-Élysées et l'entrée de la rue Royale; dès la fin de septembre 1908, l'avenue était dégagée; ensuite, des rescindements successifs ont abouti à rendre la circulation complètement libre à la fin de mars 1909.

Les occupations de la place de l'Opéra ont été plus complexes, en raison du grand nombre de lignes qui s'y croisent.

Dans le courant de 1903, on construisait l'infrastructure de la ligne n° 3, comprenant d'abord un tablier métallique de couverture, au débouché de la rue Auber, dont l'établissement ne dura que du 3 février au 10 mars — puis l'ouvrage de superposition des trois lignes, au centre de la place, dont l'occupation s'étendit du 20 mars au 26 décembre. Plus tard, en mars et avril 1905, une nouvelle emprise dut être faite pour la construction des accès de la station. — Avec ces dispositions, la circulation put toujours être maintenue dans des conditions admissibles; il aurait été impossible de superposer davantage les occupations du sol, à moins de rendre le passage réellement impraticable.

Ces emprises de la ligne n° 3 correspondaient exactement à l'emplacement des ouvrages construits. Celles qui vinrent ensuite pour la ligne n° 7 consistèrent au contraire en une installation de l'entrepreneur, au centre de la place, du côté sud; l'installation en question dura de fin juillet 1905 à fin août 1907; elle ne présentait d'ailleurs aucun inconvénient pour la circulation.

En ce qui concerne la ligne n° 8 actuellement en cours de construction, l'installation de l'entrepreneur n'a compris qu'une petite occupation, de 2 mètres sur 2 mètres, faisant suite à la précédente; elle servait au logement d'une pompe d'épuisement, et a cessé le 5 août 1909. A cette même date, deux occupations, qui subsistent à ce jour, ont été faites l'une au nord, l'autre au sud de la place; elles correspondent aux accès de la station pour les lignes n° 7 et n° 8, et comprennent l'emplacement strictement indispensable à la construction des ouvrages, salle, escaliers, couloirs, ascenseurs.

Une occupation beaucoup plus considérable et beaucoup plus gênante pour la circulation a été celle de la place Saint-Michel. Elle fut nécessitée par le système de fonçage sur grands caissons verticaux, adopté pour la station « Place Saint-Michel » et ses annexes. La surface correspondant à ces ouvrages était celle des chaussées de la place Saint-André-des-Arts, du boulevard Saint-André et du centre de la place Saint-Michel ; l'occupation en fut commencée au début de janvier 1906, arrondie de petites emprises qui permirent à l'entrepreneur d'installer ses moyens d'extraction, notamment un grand transporteur déversant les déblais directement en Seine. Cette situation dura jusqu'au 13 juillet 1907.

A ce moment l'avancement des fonçages permit de rétablir un passage transversal au boulevard Saint-André, devant la fontaine Saint-Michel ; puis, par extensions successives, le boulevard Saint-André et, à la fin de 1907, la majeure partie de la place Saint-André étaient rendus à la circulation. En même temps, sur une portion de l'ancienne occupation, d'ailleurs réduite, au centre de la place, l'entrepreneur installait une usine frigorifique pour la construction du souterrain sous le chemin de fer d'Orléans. Cette nouvelle situation a duré, sans grandes modifications, jusqu'au 23 septembre 1909. A cette dernière date, l'usine frigorifique a totalement disparu ; les occupations de la place Saint-Michel se sont réduites, d'une part à l'installation du transporteur de l'entreprise, d'autre part à deux emprises, l'une près de la fontaine Saint-Michel, l'autre sur la place Saint-André-des-Arts, correspondant à la construction des accès de la station.

L'occupation de ces dernières emprises remonte aux mois de juin et juillet 1909. Celle qui existe devant la fontaine Saint-Michel est destinée à se transformer de manière à comprendre l'emplacement de la partie principale des accès, où se trouvent actuellement les voies de tramways déviées ; mais les mesures autorisées à ce sujet ne pourront être appliquées qu'après qu'une conférence relative au rétablissement desdites voies aura pu être close et aboutir à une décision.

Dans tout ce qui précède, on a vu qu'il était question des accès des stations au même titre que des ouvrages du chemin de fer proprement dits. C'est qu'en effet les travaux de l'un et l'autre genres, fort distincts au point de vue contractuel, puisque la Compagnie supporte la dépense des accès, ne se différencient point au sujet des modalités de l'exécution.

Les exemples cités de la place de l'Opéra et de la place Saint-Michel montrent, entre autres choses, qu'un écart chronologique entre la construction de l'ouvrage principal et celle des accès y était nécessaire, pour maintenir au point de vue de la circulation une situation acceptable ; un échelonnement analogue pourrait d'ailleurs, dans certains cas, être nécessaire dans les diverses parties de l'ouvrage principal. Quoi qu'il en soit de cette dernière considération, il n'est pas douteux que les nécessités de l'exécution, aussi bien que celles de la circulation, conduiraient la plupart du temps à une coordination, par voie de succession, des travaux du chemin de fer et de ceux de l'accès.

Mais cette coordination ne comporte pas obligatoirement séparation. Et rien n'empêcherait, au point de vue technique, d'établir un lien entre ces deux sortes de travaux. Seulement une double condition est nécessaire pour que ce lien se réalise : rapide présentation des projets de la Compagnie, et surtout longueur diminuée de l'instruction qui aboutit à leur approbation.

Au surplus, cette question particulière de la liaison à établir entre la construction des accès et celle de l'ouvrage principal n'a véritablement d'intérêt, au point de vue traité dans le présent rapport, qu'en tant que combinaison propre à réduire le temps nécessaire pour l'exécution complète en un lieu déterminé, de tous les ouvrages d'une ligne, et par suite la durée des occupations de la voie publique motivées par lesdits ouvrages.

Mais, à dire vrai, l'abréviation de la durée n'importe pas moins au public que la restriction de l'étendue; et c'est pourquoi l'indication de toute mesure propre à favoriser efficacement l'une comme l'autre, mérite de prendre place dans la même conclusion :

— En tant qu'étendue — les surfaces occupées ont besoin d'être suffisantes pour assurer aux chantiers une organisation de production utile; seulement elles doivent être restreintes, dans chacune de leurs parties, dès que l'avancement du travail est tel que cette partie puisse être considérée comme ne demeurant plus indispensable;

— En tant que durée — il est bon que l'entrepreneur soit incité à organiser ses moyens d'action en vue de faire disparaître les chantiers le plus tôt possible; l'attribution d'une prime d'avancement, qui était de règle jusqu'à la délibération intervenue le 12 avril 1906, constituait à cet égard un puissant stimulant, sans que le produit effectif de cette prime représentât une fraction bien sensible de la dépense finale : une semblable stipulation, qui n'est plus admise qu'à titre exceptionnel, aurait chance d'être la source d'excellents résultats si elle se trouvait rétablie de façon usuelle.

L'Inspecteur général des Ponts et Chaussées,

Chef du Service technique du Métropolitain,

Signé : BIENVENUE.

RAPPORT DE L'INSPECTEUR

Depuis que Boileau leur consacra une satire, où il se plaignait que :

Des paveurs, en ce lieu, me bouchent le passage,

les *Embarras de Paris* ont fait l'objet de récriminations plus ou moins fréquentes et plus ou moins vives.

Mais jamais, semble-t-il, les protestations n'avaient été formulées avec autant d'acuité qu'en ces derniers mois.

Il est hors de doute que le nombre des chantiers qui occupaient et qui occupent encore le sol de la voie publique est très élevé.

A la date du 10 août, on pouvait compter 579 emprises, ainsi qu'il résulte d'états fournis à cette époque par les ingénieurs.

Ces occupations, dont l'étendue variait selon qu'il s'agissait de simples puits ou d'installations plus importantes telles que celles de l'Esplanade des Invalides, étaient, pour le plus grand nombre, situées dans des voies où la circulation est intense.

I

CAUSES DE L'ENCOMBREMENT DES VOIES

L'encombrement des rues de Paris peut être attribué à différentes causes, dont les effets se manifestent concurremment, ce sont les suivantes :

1° **Le grand nombre de travaux en cours.**

Dans le relevé fourni par les ingénieurs, on remarque que ce sont les chemins de fer souterrains et les canalisations électriques qui ont motivé le plus grand nombre d'emprises.

C'est qu'en effet, indépendamment des opérations normales (convertissements ou relevés à bout, constructions d'égouts, etc.), se trouvaient en cours d'exécution :

La construction d'une partie des lignes métropolitaines 3 *bis*, 4, 7, 7 *bis*, et 8 ou de leurs accès;

La construction du réseau concédé à la Compagnie du chemin de fer Nord-Sud ;

L'installation des importantes canalisations électriques prévues par le contrat relatif à la nouvelle concession.

Chemins de fer souterrains. — On n'apprécie pas toujours à leur juste importance les travaux que nécessite l'exécution des chemins de fer souterrains.

Considérons, par exemple, le cube des terres dont l'enlèvement aura été nécessaire pour la construction du chemin de fer métropolitain (non compris le réseau complémentaire) et du réseau Nord-Sud. Le volume de ces terres est de 6.600.000 mètres cubes environ. Si elles étaient chargées sur des tombereaux à trois chevaux et si on plaçait ces attelages à la suite les uns des autres sans intervalles, on couvrirait une distance égale à la moitié du méridien terrestre. Il va sans dire qu'avec des tombereaux plus petits, à un ou deux chevaux, la longueur serait encore plus considérable.

Et, en présence de semblables chiffres, on peut juger de ce qu'auraient été les protestations des Parisiens si, au lieu d'exécuter ces travaux en souterrain, on avait, comme à New-York, procédé à la construction des ouvrages à ciel ouvert et dans des voies dont certaines peuvent être assimilées à notre Avenue de l'Opéra.

Canalisations électriques. — Aux termes du cahier des charges de l'Électricité, il devait être établi au minimum 100 kilomètres de canalisations nouvelles avant le 31 décembre 1909. En réalité, les secteurs, en vue de satisfaire le plus grand nombre de consommateurs possible, en ont canalisé 200 kilomètres environ.

Indépendamment de ces 200 kilomètres de canalisation de *distribution*, il a fallu construire des galeries souterraines ou ouvrir d'autres tranchées pour la pose des feeders ou sous-feeders qui motivaient la création des nouvelles sous-stations, ainsi que l'établissement ou le transfèrement des postes de transformation.

Enfin, le Secteur d'Éclairage et de Force a dû, pour se conformer aux stipulations du cahier des charges précité, transformer en trois fils sa canalisation qui était à deux fils ; il en est résulté des travaux encore plus longs à exécuter que la pose d'une canalisation nouvelle.

Ajoutons en terminant que les travaux ont été exécutés par les Secteurs avec une certaine lenteur dans plusieurs voies. Les câbles n'étaient pas toujours approvisionnés quand la tranchée était ouverte, et le remblaiement des terres ne suivait pas immédiatement la pose de la canalisation ; autrefois, les déblais restant en excédent demeuraient plusieurs jours sur la voie publique avant d'être transportés aux décharges publiques. Une notable amélioration s'est toutefois manifestée en ces derniers temps, à la suite des observations faites par le service de l'Éclairage.

2° Le choix des mois d'août et de septembre pour l'exécution de certains travaux.

Les réclamations auxquelles donne lieu l'ouverture des chantiers ont deux origines : elles émanent soit du public nomade, dont la circulation est entravée, soit des boutiquiers voisins qui se plaignent de la gêne apportée à leur commerce.

Or, c'est volontairement qu'on exécute, de préférence, comme cette année, certains travaux pendant les mois d'août et de septembre, qui sont marqués par un ralentissement général des affaires, de façon à causer le minimum de trouble au commerce. Mais ce système a pour conséquence de multiplier pendant deux mois le nombre des emprises et, partant, d'augmenter la gêne du public circulant.

On peut d'ailleurs incidemment faire remarquer que certains commerçants, qui se plaignent des embarras de Paris, se montrent moins préoccupés de l'intérêt de la circulation, lorsqu'ils débordent les emplacements qui leur sont concédés pour étalages, et cela malgré les incessantes démarches des agents de l'Administration.

3° Le développement du pavage en bois.

On tend de plus en plus à remplacer le pavage en pierre par des revêtements insonores et, en particulier, par le pavage en bois.

L'usure du pavé de bois est beaucoup plus rapide que celle du pavé de pierre. Là où il suffisait de relever à bout une chaussée tous les vingt ans, il faut compter maintenant procéder à cette opération tous les six ou sept ans.

De plus, les emprises successives à occuper pour l'exécution d'un relevé à bout de pavage en bois sont plus étendues que celles qui étaient nécessaires avec le pavage en pierre. Il faut, en effet, procéder à la réfection de l'enduit de la fondation et attendre qu'il soit sec, avant de mettre les pavés en place.

Le même inconvénient se manifeste quand il s'agit de réfections sur tranchées en raison de la nécessité, quand il s'agit de pavage en bois, de refaire la fondation de béton.

4° L'encombrement du sous-sol.

Depuis le milieu du siècle dernier, le sous-sol des voies parisiennes s'est trouvé progressivement encombré, par suite du développement des réseaux d'égouts, de conduites d'eau et de gaz, ainsi qu'en raison de la création des installations électriques, d'air comprimé, téléphoniques et de la traction mécanique des tramways par caniveau ou diatto.

Aussi, ne peut-on aujourd'hui exécuter de travaux dans le sous-sol qu'au prix de sérieuses difficultés.

Prenons, par exemple, l'exécution d'un tronçon du Métropolitain.

A l'emplacement qui lui est destiné peuvent se trouver un égout avec toutes ses canalisations intérieures (eaux, téléphone, etc.), une conduite de gaz, des câbles électriques, etc.

Il faut donc tout d'abord procéder aux déviations nécessaires et notamment construire un nouvel égout avant de démolir le premier. On doit, en outre, veiller à ne pas interrompre le service des habitations riveraines, tant sous le rapport de la fourniture de l'eau et de l'éclairage, qu'au point de vue de l'évacuation des eaux usées. Il arrive même qu'on soit contraint de procéder à des installations provisoires pendant la période de transformation.

Si, indépendamment des canalisations proprement dites, on rencontre, ainsi que cela se manifeste dans les grandes artères, de grosses conduites d'alimentation de gaz ou d'eau. ou bien des feeders, il faut également procéder à d'autres travaux de déviation.

S'il s'agit d'égout collecteur, le défaut de place peut même obliger de reconstruire l'ouvrage dans une autre voie.

Dans les lignes qui précèdent, on n'a envisagé que les travaux préparatoires pour le percement du tunnel; il y a lieu également de procéder à la construction des accès aux stations et des galeries de communication ; ces installations motivent de nouvelles et importantes emprises dans le sous-sol, d'où la nécessité de modifier d'autres ouvrages préexistants.

5° La fréquence des grèves.

Depuis environ deux années, les travaux publics à Paris se sont trouvés fréquemment arrêtés par suite de grèves.

De la fréquence de ces grèves est résultée naturellement une plus lente exécution des travaux avec, pour conséquence obligée, une plus longue occupation des emprises sur la voie publique.

Si, par exemple, le 6° lot de la ligne métropolitaine n° 8 (entre l'avenue Bosquet et la Seine) n'avait pas été l'objet de grèves, qui ont duré une année au total, les chantiers de la partie Sud de l'Esplanade des Invalides auraient disparu depuis longtemps.

On sait la gène qu'a occasionnée récemment, pour les travaux de la rue Notre-Dame-de-Lorette, la grève des charpentiers en fer en dépit de la tentative faite par la Compagnie Nord-Sud qui, pour éviter tout arrêt, offrait au Syndicat d'employer en régie des ouvriers à désigner par lui et qui seraient payés au tarif réclamé par ce Syndicat.

La même grève retarde encore l'exécution de plusieurs accès du Chemin de fer Nord-Sud. On pourrait, d'ailleurs, multiplier les exemples.

Enfin, et indépendamment du retard matériel correspondant à la durée de la cessation du travail, la fréquence des grèves a jeté un désarroi dans les programmes conçus pour l'exécution des travaux et déterminé des à-coups dans l'organisation des entreprises qui devaient se succéder sur les mêmes chantiers.

6° L'affaiblissement dans la production moyenne
de la journée de travail.

A partir du mois de mai 1908, et ainsi qu'il a été exposé dans un rapport de l'Inspection Générale, en date du 15 juillet de la même année, la production individuelle des ouvriers employés à la construction des chemins de fer souterrains a baissé presque subitement de 50 0/0 en moyenne. Pour être actuellement moins élevée, cette diminution n'en reste pas moins très sensible.

Il en résulte que, comparativement aux années antérieures à 1908, les travaux durent plus longtemps. En effet, et d'une manière générale, les entrepreneurs n'ont pas le moyen de compenser cette diminution du rendement, sans multiplier les points d'attaque, ce qui motiverait de nouvelles emprises. Il est possible d'ailleurs qu'ils ne pourraient trouver un nombre suffisant d'ouvriers pour y être employés.

On notera en passant que cette conséquence était prévue dans le rapport du 15 juillet 1908 précité.

L'affaiblissement dans la production a eu d'ailleurs une autre conséquence en ce qui touche l'occupation de la voie publique.

Certains entrepreneurs, dont les marchés étaient antérieurs au mois de mai 1908, se sont crus fondés à présenter des réclamations; plusieurs même ont refusé d'exécuter les travaux, ce qui a contraint l'Administration à prendre des mesures qui ont nécessité des délais. C'est à cette cause qu'il faut attribuer, par exemple, une partie des retards apportés à l'exécution de déviations d'égouts, comme à l'accès BAC de la ligne Nord-Sud, ou encore au chantier de la place Saint-Georges, où la non-exécution de ces travaux a déterminé l'arrêt de ceux entrepris pour la ligne principale.

7° La suppression des primes d'avancement.

Sans vouloir attacher une trop grande importance à cette septième cause, le soussigné ne croit pas que sa citation doive être négligée.

Avant la campagne des malfaçons, les cahiers des charges des travaux du Métropolitain prévoyaient l'attribution à l'entrepreneur d'une prime de 500 francs par journée gagnée sur le délai imparti pour l'achèvement du travail et une amende du même chiffre par journée de retard.

Au cours des discussions auxquelles donna lieu la campagne susvisée, le Conseil municipal estima que l'attribution de primes n'était généralement pas nécessaire, étant donné que le temps gagné pour l'achèvement d'un lot était sans profit si les autres lots de la même ligne ne se trouvaient pas dans le même cas. Le Conseil municipal fit même remarquer que le retard apporté à la mise en exploitation de lignes telles que la ligne n° 6 faisait perdre tout le fruit des efforts tentés pour un achèvement rapide des travaux d'infrastructure.

Les primes furent donc supprimées, sauf cas exceptionnels.

Au point de vue spécial envisagé par le Conseil municipal, la mesure prise était justifiée, mais, sous le rapport de l'occupation de la voie publique, les conséquences sont autres.

La suppression des primes avec, comme contre-partie obligatoire, la suppression des amendes, a pour effet de ne plus inciter les entrepreneurs à hâter dans toute la mesure du possible l'achèvement de leurs travaux, soit en faisant les frais de certaines installations, soit de toute autre façon.

8° La tendance des entrepreneurs à occuper le plus d'emprises possible.

Cette tendance est naturelle, un travail étant d'autant plus facile à exécuter que seront plus aisés l'enlèvement des terres et l'approvisionnement des matériaux et du matériel.

Les occupations du sol de la voie publique donnent lieu à une procédure différente, selon qu'il s'agit de travaux de menu entretien, de travaux à ciel ouvert nécessitant des barrages complets ou partiels, ou encore d'emprises sur la voie publique pour travaux souterrains. Un ordre de service de M. le Directeur administratif des Travaux a d'ailleurs réglé la marche à suivre dans chaque cas et particulièrement en spécifiant nettement que la Préfecture de Police devrait être consultée.

Les emprises pour travaux souterrains, qui doivent retenir plus spécialement l'attention, parce que ce sont celles de longue durée, donnent lieu à une instruction à laquelle participent les Services techniques intéressés.

Mais, comme en matière de projets, cette instruction permet seulement de faire des prévisions, il peut advenir que la surface concédée soit supérieure à celle qui sera reconnue pratiquement nécessaire en cours d'exécution.

Parfois, on tient la main à ce que les emprises prévues soient réduites dans toute la mesure du possible; c'est ainsi que, pour l'exécution de la ligne métropolitaine n° 8, il n'a été ouvert que trois puits dans la rue du Commerce, alors que l'arrêté autorisait l'entrepreneur à en ouvrir six.

Mais il n'est pas toujours procédé ainsi et il arrive que des entrepreneurs occupent la totalité de la zone qui leur a été concédée; si une partie de cette zone n'est pas ou n'est plus nécessaire, ils l'utilisent, soit à placer des approvisionnements, soit même à y installer des bureaux ou des ateliers, dont la présence à proximité des chantiers n'est pas indispensable.

Il arrive également que les emprises sont l'objet de débordement et plus spécialement aux puits d'accès qui, pendant la journée, ne peuvent être enclos que sur trois faces, mais le cas est peu fréquent et résulte souvent de circonstances exceptionnelles.

Au reste, il ne faudrait pas attacher une importance excessive aux remarques qui viennent d'être faites. Si l'on compare, en effet, ce qu'était la surface totale des emprises avant les visites de chantiers auxquelles ont procédé le contrôle technique de la Direction administrative des Travaux, puis la Commission technique du Conseil municipal, et ce qu'est devenue la surface totale des emprises par la suite, il ne semble pas, abstraction faite des zones dont la disparition était imminente, que la diminution se soit manifestée dans une proportion très sensible.

Néanmoins, comme il importe de rechercher toutes les améliorations possibles, le soussigné pense qu'il y aurait intérêt :

1° A spécifier dans les arrêtés autorisant les emprises que les surfaces indiquées doivent être considérées comme des maxima et que les services techniques auront *à tout moment* le droit de les réduire ou même de les supprimer.

2° Les mêmes arrêtés devraient toujours indiquer la durée maxima de l'occupation et des prolongations ne seraient accordées que sur le vu de propositions justificatives.

Le soussigné ne terminera pas l'examen de ce paragraphe sans faire la remarque suivante :

L'embarras causé par les chantiers a deux facteurs : *l'étendue* de l'emprise, *la durée* de l'occupation.

Or, l'exécution des travaux, au point de vue spécial qui nous occupe, est d'autant plus longue et plus difficile qu'on restreint les moyens d'y accéder.

Sans vouloir en faire une règle absolue, on peut donc estimer qu'une occupation est d'autant plus longue que l'emprise est plus réduite ; avec 10 puits, un travail sera fait en six mois ; avec 5 puits, il sera exécuté en un an, en sorte que la gêne totale est la même.

Ajoutons que l'augmentation des difficultés d'exécution peut influencer les rabais offerts par les entrepreneurs aux adjudications.

II

UNITÉ DE CHANTIER

Critiques faites au sujet du défaut de coordination dans l'exécution des travaux. — L'étude qui fait l'objet du présent rapport ne serait pas complète, si elle ne comprenait la question de l'unité de chantier. Les protestations auxquelles ont donné lieu les encombrements de Paris, ont été accompagnées, en effet, de critiques tendant à établir que les ingénieurs opéraient sans méthode et qu'il y aurait, dans leurs services, défaut de coordination, défaut d'unité de chantier.

Les censeurs sont de bonne foi et les apparences donnent le plus souvent une certaine valeur à la thèse qu'ils soutiennent, mais souvent aussi les difficultés que présente l'exécution des travaux et les besoins auxquels ces travaux doivent satisfaire leur échappent.

Quelques exemples démontreront surabondamment que la réalité peut différer des apparences.

A l'angle de l'avenue de Wagram et de la rue du Faubourg-Saint-Honoré, on a, du 15 au 18 septembre, ouvert une tranchée pour servir à la pose d'une conduite d'eau de $0^m,80$ de diamètre, puis on a remblayé la fouille.

Les riverains peuvent déjà se plaindre de ce qu'on n'avait pas encore refait le trottoir, mais que penseront-ils lorsque, dans quelques jours, on viendra de nouveau ouvrir la fouille pour enlever la conduite qu'on y avait posée ?

Il était cependant matériellement impossible de procéder autrement.

On devait raccorder la nouvelle conduite de $1^m,10$, qui emprunte l'avenue des Ternes, avec la conduite de $0^m,80$, posée en terre dans l'avenue de Wagram ; le raccordement comporte la pose d'un robinet-vanne, avec chambre en maçonnerie à construire en souterrain. Or, ainsi qu'on le verra plus loin, il était impossible d'interrompre le service de la conduite de $0^m,80$ pendant le temps nécessaire à l'exécution des travaux.

On a donc dû, sur une certaine longueur, poser une conduite provisoire de $0^m,80$, parallèle à la conduite permanente de même diamètre, de façon à se raccorder avec celle-ci en isolant le tronçon où devait aboutir la conduite de $1^m,10$. Pendant la durée du raccordement de conduite provisoire, qui n'a pas excédé 36 heures, l'effectif du réservoir de Ménilmontant, qui devait fournir l'eau d'alimentation en retour, a baissé de 90.144^{me} à 53.134^{me}, ce qui démontre qu'une plus longue immobilisation de la conduite aurait déterminé à bref délai l'assèchement complet du réservoir.

Choisissons maintenant le cas d'un égout construit à ciel ouvert, quoique ce mode d'opérer soit de moins en moins fréquent.

On commence par creuser une tranchée au fond de laquelle sera construit l'égout, puis on remblaiera et on fera une chaussée provisoire. Ensuite, on ouvrira en travers de la rue de nouvelles tranchées en plusieurs points, pour construire les branchements de regard et les branchements particuliers.

Il paraîtrait plus simple, et cela a été dit maintes fois, d'exécuter à la fois l'égout et les branchements.

Ce serait, cependant, une mauvaise conception ; car, pour ne citer qu'un inconvénient, si l'on ouvrait à la fois une tranchée longitudinale et plusieurs tranchées latérales, les riverains se trouveraient cernés chez eux ; la circulation serait plus que gênée, — elle serait supprimée.

Lorsqu'il s'agit de réfections de chaussée à l'emplacement de tranchées, on commence généralement, à moins qu'il ne s'agisse de trous peu importants, par faire un travail provisoire, puis quelques semaines plus tard on exécutera le revêtement définitif.

Cette manière de procéder a été également critiquée et on a fait remarquer qu'il aurait été plus simple de faire de suite une chaussée définitive.

On ne peut, cependant, opérer de cette façon, étant donné le travail de tassement auquel doivent être soumises les terres nouvellement remblayées.

On a également cité le cas d'un refuge dont l'exécution aurait pu être plus rapidement menée, si les travaux correspondants avaient été exécutés simultanément.

L'établissement d'un refuge doit obligatoirement suivre plusieurs phases : il faut poser la bordure en granit avant de raccorder le pavage périphérique; on place ensuite l'appareil d'éclairage, puis on ouvre une tranchée dans la chaussée pour raccorder cet appareil avec la conduite ou le câble de distribution et les pavés sont rebloqués provisoirement; après, on exécute le bitumage du refuge; enfin, la réfection définitive de la chaussée sur tranchée.

Ce sont des ouvriers de professions différentes qui exécutent ces travaux et, comme il ne peut être question d'avoir sur le tas toutes les équipes à la fois, il se produit nécessairement des intervalles entre le moment où le travail d'un ouvrier vient de cesser et le moment où celui qui doit lui succéder commence.

Il se passe pour un refuge ce qui se passe chez un particulier qui veut, par exemple, faire percer une porte dans un mur. Il sera nécessaire de faire appel à un maçon, à un menuisier, à un serrurier, puis à un peintre, qui viendront successivement, et même reviendront les uns après les autres, en sorte que l'occupant du local pourra être encombré pendant huit jours, alors que le travail ne nécessitait que deux journées de besogne effective.

Dans les lignes qui précèdent, on n'a choisi que quelques exemples très simples; on pourrait les multiplier et en citer de plus topiques, si les considérations qu'il serait nécessaire de développer ne devaient allonger outre mesure le présent rapport.

On doit reconnaître, toutefois, que, parmi les critiques, quelques-unes n'étaient pas sans valeur. Tel l'exemple cité par un journal du soir, au sujet d'une tranchée qui resta ouverte pendant plusieurs jours devant le n° 5 du boulevard des Italiens.

Il s'agissait d'une contestation entre un Secteur électrique et la Société du Gaz de Paris, qui incriminait le premier d'être la cause d'une fuite par suite de phénomènes d'électrolyse. Dans des espèces analogues, on devrait enjoindre aux concessionnaires d'avoir à enlever les terres et à fermer provisoirement la tranchée au moyen de planches pendant la durée de l'expertise. On apporterait ensuite d'autres terres pour combler la fouille, quand cette expertise serait terminée.

Il y a eu également quelques protestations qui étaient fondées, notamment, en ce qui concerne des tranchées ouvertes pour canalisations électriques. Aussi, va-t-on aborder la question de l'unité de chantier, bien qu'elle ne laisse pas d'être très complexe et très délicate.

Définition de l'unité de chantier. — Tout d'abord, qu'appelle-t-on unité de chantier ?

Ces trois mots ne suffisent pas à donner une idée nette du sens exact de l'expression. Aussi doit-on, pour l'interpréter de façon précise, lui donner une signification conventionnelle, telle qu'elle résulte de travaux du Conseil municipal, dont il sera question plus loin.

Somme toute, on peut dire que l'unité de chantier est une organisation telle que tous les travaux exécutés dans une même portion territoriale soient dirigés par un agent unique.

Organisation des services d'ingénieurs avant 1895. — Les services de travaux de Paris ont toujours été ceux qui ont été le plus souvent modifiés ; c'est ainsi qu'on ne compte pas moins de neuf organisations fondamentales dans la période qui s'étend de 1870 à 1894.

A cette dernière époque et si, pour éviter la complexité, on n'envisage que les services principaux, le régime des travaux de Paris était le suivant :

Paris était divisé en 8 sections ayant chacune à sa tête un ingénieur ordinaire chargé, à quelques rares exceptions près, de tous les travaux à exécuter dans la section.

L'Ingénieur était secondé par des Conducteurs spécialistes, savoir :

Un conducteur pour les travaux d'égouts ;
Un conducteur pour les travaux de conduites d'eau ;
Un conducteur pour les travaux d'éclairage ;
Plusieurs conducteurs pour les travaux de voie publique, chargés chacun d'une subdivision de la section, nommée *circonscription.*
En outre des 8 ingénieurs de section, on comptait :
Un ingénieur chargé du curage des égouts ;
Un inspecteur chargé de la distribution des eaux.

On ajoutera enfin que ces ingénieurs dépendaient, selon la nature des travaux exécutés, d'ingénieurs en chef, chefs des services de la Voie publique, des Eaux et de l'Assainissement.

Somme toute, il est permis de dire qu'en 1894 l'unité de chantier existait par section et par section seulement.

Réorganisation de 1895. — A cette époque, le Conseil municipal pensa qu'il y avait lieu d'appliquer le principe de l'unité de chantier, non seulement aux sections d'ingénieurs, mais encore aux circonscriptions de conducteurs.

Voici, en effet, comment s'exprimait M. Santon dans un rapport du 13 mars 1893 :

« Les Sections étant elles-mêmes distribuées en circonscriptions de conducteurs, il est naturel que le conducteur placé à la tête de chacune d'elles ait dans ses attributions l'ensemble des travaux de sa circonscription. Il doit demeurer, du reste, entendu que la règle ne s'applique ni au personnel de la distribution des eaux, ni au personnel affecté au menu entretien ordinaire et au curage des égouts..... »

A ce rappel était annexé un projet de délibération disposant, notamment en son article 3, que :

« L'unité de chantier sera également assurée dans chaque circonscription de conducteur. Le chef de circonscription dirigera tous les travaux de sa circonscription et sera responsable devant l'ingénieur de sa section. Il aura autorité sur tout le personnel de sa circonscription, sauf en ce qui concerne la distribution des eaux, ainsi que le menu entretien et le curage des égouts. »

Le 28 décembre 1894, le Conseil municipal, sur la proposition de M. Lazies, approuvait cette réorganisation, mais en spécifiant toutefois que :

« Exceptionnellement et en raison de la nature toute spéciale des travaux de canalisation d'eau et de construction de collecteurs, les chefs des services techniques des eaux et des égouts pourront, dans certains cas, dont l'appréciation leur sera laissée, désigner un conducteur en dehors des circonscriptions ordinaires pour diriger dans Paris des travaux d'eaux et d'égouts spéciaux qui s'étendraient sur plusieurs circonscriptions et demanderaient une expérience consommée et une unité de direction dans le contrôle de l'opération. »

Organisation actuelle.

La Section. — Le régime créé en 1895 n'avait pas envisagé l'exécution du Métropolitain, y compris les travaux considérables de modification d'égouts et d'eau qu'il devait entraîner.

Et lorsqu'il s'est agi de ces travaux préparatoires, l'Ingénieur en Chef des Eaux et de l'Assainissement, donnant une large interprétation à l'exception visée par la délibération du 28 décembre 1894, décida que tous les travaux de déviation de conduites d'eau seraient assurés par le Service de la Distribution des Eaux, et tous les travaux de déviation d'égouts par le Service de l'Entretien et du Curage.

Il en résulte que, sur le territoire d'une même Section, peuvent opérer simultanément :

L'Ingénieur de Section ;

L'Ingénieur des Égouts ;

L'Ingénieur de la Distribution des Eaux ;

L'Ingénieur du Métropolitain ;

L'Ingénieur en Chef chargé du contrôle de la construction de la ligne Nord-Sud.

Somme toute, l'unité de chantier par Section, qui existait en 1894, n'existe plus aujourd'hui.

La Circonscription. — Dans les circonscriptions se retrouvent naturellement les mêmes services, avec toutefois cette aggravation qu'on a continué à tort ou à raison (ce point sera envisagé plus tard) à conserver dans chaque Section un conducteur spécialiste pour l'éclairage, nonobstant la délibération du 28 décembre 1894.

C'est ainsi que dans chaque circonscription peuvent opérer à la fois :

Le Conducteur de la Circonscription ;

Le Conducteur de l'Éclairage ;

Le Conducteur des Égouts ;

Le Conducteur de la Distribution des Eaux ;

Le Conducteur du Métropolitain et même, parfois, le Conducteur chargé spécialement du contrôle de la construction de la ligne Nord-Sud.

Inconvénients de l'organisation actuelle. — De cette double énumération, il ne faudrait pas toutefois conclure hâtivement que les différents agents qui y figurent exécutent chacun leurs travaux sans se préoccuper de ce que doivent faire leurs collègues. Ils confèrent entre eux des mesures à prendre, sur le tas même, et, grâce à l'esprit de camaraderie qui règne parmi le personnel des conducteurs, de nombreuses difficultés se trouvent solutionnées. Mais il n'en demeure pas moins que ce système ne peut donner, au point de vue de la coordination des travaux, de résultats aussi appréciables que si leur exécution dépendait d'un agent unique et, partant, seul responsable.

A cet égard, on peut citer l'exemple de la place Saint-Georges, dont il a été beaucoup question.

Après que les représentants des divers services ont eu examiné, d'un commun accord, la surface et la disposition de l'emprise, un arrêté préfectoral du 7 octobre 1907 a autorisé la Compagnie Nord-Sud à en disposer; elle a pris possession de cet emplacement à la fin de novembre.

Or, à ce moment, les projets définitifs de déviations d'égouts n'étaient pas encore étudiés et ce n'est que le 11 mai 1908 que l'instruction était suffisamment au point pour permettre de chiffrer l'importance des travaux et d'entrer en pourparlers avec l'entrepreneur (celui qui exécutait le lot de la Compagnie Nord-Sud) qui devait les exécuter.

Le projet dont il s'agit était très difficile à établir; en certains points et par suite du manque de place, on doit construire un égout arrivant de biais dans la maçonnerie du tunnel jusqu'à se trouver complètement empris dans la culée; on ne saurait donc incriminer le Service des Égouts pour le temps qu'il a consacré à cette étude.

Mais, si l'ensemble des travaux exécutés place Saint-Georges avaient, soit sous le rapport de l'exécution, soit sous celui du contrôle, dépendu d'un agent unique, il est vraisemblable que celui-ci n'aurait autorisé la Compagnie Nord-Sud à disposer de l'emprise qu'environ trois mois plus tard, sachant qu'autrement les travaux du tunnel se trouveraient arrêtés par les travaux de déviations d'égouts; ce qui s'est produit.

Dans l'espèce, la période d'arrêt des travaux de la Nord-Sud a été beaucoup plus considérable et cela pour d'autres raisons, parmi lesquelles figure celle dont il a été question au Chapitre Ier du présent rapport. Quoi qu'il en soit, ce sont toujours trois mois qui auraient pu être gagnés sur la durée d'occupation de l'emprise.

Il reste maintenant à examiner si l'organisation de l'unité de chantier n'aurait pas eu d'autres inconvénients plus graves que ceux que l'on cherche à éviter.

Autrement dit :

L'unité de chantier est-elle possible dans l'état actuel des travaux ?

Si l'on s'en tient à la définition donnée plus haut, on peut envisager plusieurs hypothèses sous le rapport de l'unité de chantier.

On peut se demander, en premier lieu, si ce n'est pas la Direction Administrative des Travaux, de qui dépendent tous les services d'Ingénieurs, qui devrait assurer cette unité.

Il n'est pas besoin de faire remarquer que l'étendue de Paris, ainsi que le nombre et la complexité des travaux qui y sont entrepris, rend impossible une semblable conception.

Au point de vue qui nous occupe, le Directeur peut, comme il l'a fait, donner des instructions générales, s'assurer qu'elles sont suivies, faire trancher des questions en Conseil des Ingénieurs, mais son rôle ne saurait aller jusqu'à l'organisation même des chantiers. Il ne reste donc à envisager que l'unité par Section et par Circonscription.

Unité par Section. — Avec l'unité de chantier intégrale par Section, les Ingénieurs de Section pourraient avoir à exécuter, en sus des travaux dont ils sont actuellement chargés :

Le Métropolitain ;
Le Contrôle de la construction de la Nord-Sud ;
Les déviations d'égouts ;
Les déviations de conduites d'eau.

Métropolitain. — Il ne semble pas justifié de confier la construction du Métropolitain aux Ingénieurs de Section pour deux raisons :

La première tient à ce que le Métropolitain est un ouvrage d'une importance considérable, à l'exécution duquel se trouve préparé un personnel qui s'y consacre exclusivement depuis plus de dix ans et qui possède une expérience que d'autres devraient acquérir.

La seconde, et la plus importante, est qu'il est matériellement impossible à un Ingénieur d'assurer à la fois un service de Section et un service du Métropolitain.

Cette opinion n'est pas une simple appréciation, elle résulte d'une expérience faite en 1898. On songea, en effet, à cette époque, à confier aux Ingénieurs des Sections traversées par la ligne n° 1 les travaux d'infrastructure. On ne tarda pas à s'apercevoir que la construction du Métropolitain les absorbait presque exclusivement, au détriment de leur service ordinaire, et l'idée fut abandonnée.

Peut-être objectera-t-on qu'il serait possible de remédier au défaut signalé en augmentant le nombre des sections dont l'étendue se trouverait réduite et de revenir, par exemple, à l'organisation de 1872, qui comportait dix sections, au lieu de huit. Mais un semblable bouleversement serait-il justifié alors que la fin des travaux du Métropolitain peut, d'après les contrats ou projets de contrats, être escomptée pour le courant de l'année 1915 ?

Contrôle de la construction de la Nord-Sud. — Le soussigné ne croit pas qu'il faille considérer ce point spécial, l'achèvement du réseau Nord-Sud étant prochain et les tronçons éventuellement concédés étant peu importants.

Déviations d'égouts. — L'exécution des déviations d'égouts par les Ingénieurs de Section peut déterminer les objections ci-après :

1° C'est toujours l'Ingénieur des égouts qui devra dresser les projets correspondants, car, seul, il peut connaître l'ensemble du régime des égouts, qui se conjuguent entre eux, pour assurer au moyen de pentes judicieusement combinées l'évacuation des eaux jusqu'aux collecteurs, puis aux usines.

D'autre part, il arrive fréquemment qu'en cours d'exécution on reconnaisse la nécessité de modifier les dispositions projetées. L'Ingénieur de Section prendra-t-il la responsabilité de ne pas se conformer aux indications du projet ?

2° Quand il s'agit de dévier un égout, il importe de veiller à ce que l'évacuation des eaux usées provenant des immeubles ou de la voie publique continue à être assurée sans interruption. Il y a diverses mesures à prendre, telles que : barrer les égouts en service en évitant l'inondation des caves. Somme toute, à côté de la construction, il y a l'exploitation, et la présence du Conducteur des Égouts à côté du Conducteur de Circonscription sera toujours nécessaire.

En un mot, l'unité sera instituée pour l'ouverture du chantier, mais elle sera *supprimée* pour l'exécution du travail proprement dit.

Déviations de conduites d'eau. — Pour les déviations de conduites d'eau, se présentent les mêmes objections, mais encore avec plus de force. L'eau est un objet de première nécessité et l'on songe aux réclamations qui pourraient se produire si, par suite d'un malentendu entre l'Ingénieur de Section et l'Ingénieur de la Distribution des Eaux, un établissement industriel, une maison ou une rue venaient à se trouver privés d'eau.

Expérience à réaliser. — Par ce qui précède, on voit que le système de l'unité de chantier et celui de la spécialisation ont chacun leurs avantages ou leurs défauts.

Ceux-ci l'emportent-ils sur ceux-là dans l'un ou l'autre cas ? Le soussigné estime que le meilleur moyen de juger la question doit être fourni par la méthode expérimentale.

Il proposera donc qu'un essai soit tenté pendant un an dans une Section qui serait chargée de l'exécution des travaux de déviations d'égouts et de conduites d'eau.

Cette expérience serait suivie parallèlement par les Ingénieurs et par un service de Contrôle ; elle permettrait de comparer ce qui se passe avec le système actuel, qui serait poursuivi dans les sept autres sections, et le système nouveau.

S'il ne s'était agi que des déviations motivées par la construction des chemins de fer souterrains, le soussigné, en raison de l'achèvement relativement prochain de ces travaux, n'aurait pas proposé d'expérience. Mais, par suite de l'encombrement du sous-sol, les déviations de galeries ou de conduites continueront à être organisées, notamment quand, par suite de l'intensité progressive de la circulation, il sera nécessaire de construire des passages souterrains de plus en plus nombreux.

Unité par Circonscription. — La Circonscription comprend un, deux et exceptionnellement trois quartiers. Son peu d'étendue relative, et c'est là son avantage, permet au conducteur qui la dirige d'avoir en quelque sorte, constamment dans la pensée l'état de tous les travaux qui peuvent y être entrepris.

Cet avantage devient un défaut quand on exécute des opérations un peu importantes et intéressant à la fois plusieurs circonscriptions. Quand il s'agit d'un travail de cette nature, adjugé en un lot unique, il n'est pas possible, le plus souvent, d'en confier l'exécution à tous les Conducteurs des circonscriptions parcourues, sous peine de faire disparaître *l'unité de direction*, visée par la délibération du 28 décembre 1894.

Aussi, et pour le cas où l'expérience proposée plus haut donnerait des résultats favorables à l'unité de chantier, le soussigné estime-t-il que les travaux de déviations d'égouts ou de conduites d'eau qui devraient, en principe, être exécutés par les Conducteurs de Circonscription pourraient, dans certaines circonstances exceptionnelles, incomber à un agent spécial, subordonné à l'Ingénieur de Section.

Il reste enfin un point à examiner ; c'est la question des travaux d'éclairage.

La délibération du 28 décembre 1894, en décidant que les Conducteurs de Circonscription seraient chargés de tous les travaux, n'avait fait aucune exception pour l'éclairage. On n'en a pas moins continué dans le service à conserver, dans chaque Section, un agent spécial pour ces travaux.

Cette spécialisation est justifiée lorsqu'il s'agit des établissements municipaux : la question est plus douteuse en ce qui concerne les travaux à exécuter sur la voie publique.

Quoi qu'il en soit, il existe une défectuosité dans l'organisation actuelle : les feuilles de fouilles, qui autorisent les concessionnaires du gaz ou de l'électricité à ouvrir des tranchées, sont, dans la plupart des sections, signées par le Conducteur de l'Éclairage, et le Conducteur de circonscription n'en est avisé que par la réception du duplicata de cette feuille, soit deux ou trois jours avant l'exécution du travail.

Il en est résulté que ces Conducteurs avaient pu considérer que leur rôle se bornait à faire remettre le sol en l'état après l'achèvement de ce travail. Une circulaire de M. l'Inspecteur Général de la Voie publique, en date du 25 août 1909, leur enjoint, au contraire, d'intervenir au cours des travaux de façon à assurer la liberté et la commodité de la circulation.

Peut-être serait-il préférable, si l'on procède à l'essai indiqué plus haut, d'y comprendre la surveillance des travaux d'éclairage sur la Voie publique par les Conducteurs de Circonscription.

De toute façon, il semble qu'il y ait lieu de donner des instructions pour que les feuilles de fouille, autres que celles intéressant les branchements particuliers, soient désormais signées par l'Ingénieur de Section, après avis du Conducteur de Circonscription.

Travaux exécutés par les Concessionnaires.

Le Service technique de la Voie publique, avant d'exécuter les travaux de plans de campagne (convertissement, relevés à bout, remaniements) en informe les concessionnaires de la Ville ou du Département (Gaz, Électricité, Tramways, etc.) de façon que ceux-ci puissent profiter du démontage du sol pour exécuter leurs propres réparations.

On peut citer comme exemple le relevé à bout actuellement en cours, quai d'Orsay, entre la rue du Bac et la Gare. La Compagnie de l'Est-Parisien en profite pour remplacer des rails, ce qui, soit dit incidemment, va nécessiter, en raison d'un équipement provisoire de trolley, une interruption de la circulation qui durera près de six semaines, alors qu'autrement quinze jours auraient suffi.

Mais la procédure actuellement suivie ne donne que des résultats insuffisants :

1° En ce que les concessionnaires ne sont généralement pas prévenus des réfections importantes telles que celles motivées par l'exécution des chemins de fer souterrains :

2° En ce que les concessionnaires ne prêtent pas toujours suffisamment d'attention aux avis qui leur sont adressés ;

3° En ce que chaque concessionnaire n'est prévenu que des travaux à exécuter par la Ville et non de ceux qu'exécuteront les autres concessionnaires.

Les conséquences de ces lacunes se sont plus particulièrement manifestées cette année, au sujet des canalisations d'électricité. On peut citer, par exemple, le trottoir impair de la rue Royale, dont la réfection à la suite des travaux du Métropolitain était terminée le 31 août. Quelques jours après, un Secteur ouvrait de nouveau le trottoir pour y poser un feeder.

Il semble même que le Service technique aurait pu, en raison des importantes longueurs de canalisations à poser en 1909, intervenir auprès des Secteurs pour déterminer une sorte de programme d'exécution. Il était suffisamment armé à cet égard par l'article 47 de la Convention.

Certes, la question était assez délicate, car on avait à mettre d'accord deux intérêts parfois contraires : la nécessité de ne pas barrer une voie et celle, tout aussi légitime, de ne pas ajourner la fourniture du courant aux habitants qui le réclament. Toutefois, le problème n'était pas insoluble et c'est ce qui résulte d'un entretien que le soussigné a eu à ce sujet avec M. Sartiaux, délégué de l'Union des Secteurs, qui se montre tout disposé à étudier, de concert avec les Services techniques et deux fois par an, par exemple, l'ordre d'exécution des travaux de canalisation électrique.

Ce système d'entente pourrait être généralisé, sous la condition que les plans de campagne soient arrêtés en temps utile et *ne varietur*.

Dans le cabinet de chaque Ingénieur de Section, pourraient être réunis deux fois par an, les représentants des concessionnaires et des services intéressés ; au cours de cette conférence, serait arrêté un programme d'exécution des travaux déterminant, à quelques jours près, les dates des opérations de quelque importance.

Des propositions seraient faites ensuite pour chaque opération, dans la forme ordinaire.

Il ne résulterait pas de ce système que jamais aucune fouille ne serait plus ouverte dans un revêtement de réfection récente. On doit compter avec les imprévus, les accidents, les fuites de gaz ou les pertes de courant, les demandes d'abonnés des Secteurs qui invoqueront l'article 66 de la Convention, les défaillances individuelles, etc. ; mais on aura du moins, tenté tout ce qu'il était possible de faire, et c'est là l'essentiel.

Observations complémentaires.

Le soussigné croit nécessaire de compléter les développements qui précèdent par les observations suivantes :

1° Simplifications à apporter dans la besogne administrative des Services d'Ingénieurs.

Les Ingénieurs et les Conducteurs sont, d'une manière générale, absorbés outre mesure par des besognes administratives ; aussi, malgré le zèle qu'ils témoignent, n'ont-ils pas souvent le moyen de consacrer un temps suffisant à la surveillance de leurs chantiers.

Depuis vingt ans, pour diverses raisons et notamment au Service de la Voie Publique, les travaux administratifs se sont considérablement développés. De plus, en ce qui concerne la comptabilité et de l'avis de tous ceux qui la pratiquent, de notables simplifications pourraient être apportées. Ainsi s'explique que la moitié de l'effectif des Agents de la Direction des Travaux soit affectée à des besognes sédentaires dans les bureaux d'Ingénieurs ou d'Ingénieurs en chef.

Les circonscriptions sont également surchargées :

En 1895, l'Administration Municipale, adoptant une mesure édictée par M. le Ministre des Travaux Publics dans son Département, avait décidé que les affaires seraient instruites au premier degré par les Conducteurs, qui devaient donner des avis, dresser des projets, en un mot, instruire les affaires, sous leur responsabilité. Il en est résulté que les Conducteurs ont dû se créer des archives, tenir des registres d'ordre et garder copie des documents qu'ils fournissaient, sans que la besogne des bureaux d'Ingénieurs ait été réduite en quoi que ce soit.

Il paraît donc nécessaire d'aborder l'étude des simplifications à apporter dans les Services techniques, quelque laborieuse qu'elle doive être. On ne saurait, en effet, songer à confier aux Ingénieurs de Sections et aux Conducteurs placés sous leurs ordres, de nouveaux travaux sans les décharger d'une partie de leur besogne administrative, indépendamment de ce qui pourra résulter de la réorganisation projetée pour le Nettoiement.

Une Commission spéciale comprenant des Membres du Conseil Municipal et de l'Administration pourrait être chargée de cette étude.

2° Accès du Métropolitain.

Il a été souvent constaté qu'il s'écoulait un assez long délai entre l'achèvement de l'infrastructure du tunnel et le commencement des travaux d'accès aux stations.

Outre le retard qui peut en résulter pour la mise en service de ces stations, tel que cela va se produire pour la ligne n° 4, par exemple, l'ouverture consécutive de deux chantiers au même point provoque les récriminations des riverains.

Il n'est généralement pas possible d'exécuter simultanément les stations et les accès, l'exécution des seconds doit suivre celle des premières; mais il serait désirable que les travaux puissent être poursuivis sans interruption.

Mais, ici encore, la question est complexe.

En premier lieu, c'est la Compagnie concessionnaire, pour le compte de qui les travaux d'accès sont exécutés, qui doit présenter les projets correspondants à l'approbation de l'Administration Municipale. Il peut donc de ce côté se produire déjà des retards.

D'autre part, ces projets donnent lieu à une longue instruction de la part des Services intéressés : Métropolitain, Voie Publique et Éclairage, Eaux, Égouts, ainsi que de la Direction d'Architecture pour les Plantations et les questions d'esthétique, etc. Ils sont également soumis à M. le Préfet de Police.

En ce qui concerne la Préfecture de la Seine, les Services mis successivement en possession du dossier présentent par écrit leurs observations et s'il y a désaccord, la procédure s'en trouve ralentie.

Il semble qu'on pourrait, dans l'espèce, abréger ces délais d'instruction en substituant au système des conférences écrites, qui sont la règle dans les Services de travaux, le système des conférences verbales. Chaque Service intéressé pourrait recevoir quelques jours avant la date choisie pour la conférence, une expédition du plan des accès de façon à pouvoir en faire une étude préalable; la discussion se ferait oralement en séance et le procès-verbal de la réunion serait signé par tous les membres présents. En cas de désaccord, il serait statué en Conseil des Ingénieurs ou en Conseil de Direction, suivant le cas.

De toute façon, et si cette méthode était jugée impraticable, il y aurait lieu de donner des instructions aux Services pour accélérer l'étude des projets d'accès.

3° Travail de nuit.

Enfin, la question se pose de savoir s'il n'y aurait pas avantage à faire exécuter les travaux publics pendant la nuit, ainsi que cela a été indiqué notamment dans une pétition adressée à M. le Préfet par M. Helmer demeurant 25, rue Mademoiselle.

Il est possible de procéder ainsi dans quelques cas exceptionnels, mais on ne pourrait généraliser la règle sans se heurter à plusieurs objections.

En premier lieu, la dépense serait plus élevée :

1° Parce qu'on ne pourrait procéder que par petites zones successives, de façon à rendre chaque matin la voie à la circulation ; il faudrait d'ailleurs procéder à des installations provisoires pour permettre à cette circulation de s'opérer pendant le séchage des fondations de chaussées ou de trottoirs ;

2° Parce que les salaires du travail de nuit sont généralement plus élevés que les salaires de jour ;

3° Parce que le travail de nuit même éclairé spécialement, ce qui serait l'occasion d'autres frais, est moins productif que le travail diurne ;

4° Parce qu'il faudrait augmenter le personnel de surveillance (Conducteurs, Piqueurs, Surveillants).

Enfin, et c'est peut-être là l'objection principale, n'est-il pas à craindre que les habitants se plaignent beaucoup plus du trouble apporté à leur sommeil par le choc des outils ou des matériaux ou par le bruit des tombereaux, que de la gêne causée à la circulation ?

Quoi qu'il en soit, on peut procéder à des essais.

III

RÉSUMÉ

En résumé, il semble résulter de l'ensemble des considérations et des développements qui précèdent, que l'embarras des voies publiques par les chantiers provient surtout :

En premier lieu, de l'importance considérable des travaux à réaliser ;

En second lieu, des difficultés que rencontre leur exécution, en raison de l'encombrement du sous-sol ;

En troisième lieu, des retards qu'ont entraînés les fréquents conflits qui se sont produits entre les ouvriers et les entrepreneurs.

Il en résulte également que, si les critiques dirigées contre les Services d'Ingénieurs sont empreints d'une notable exagération, du moins semble-t-il qu'on doive chercher à perfectionner le fonctionnement de ces Services et notamment par l'examen des différentes propositions contenues au présent rapport.

Mais ce qu'il importe de dire, c'est que Paris restera embarrassé tant qu'on y exécutera de grands travaux, même lorsque, pour diminuer la gêne, on exécutera ces travaux en souterrain.

Pendant les années qui vont suivre, il est peu probable que ces embarras diminuent, s'ils n'augmentent pas.

Sans vouloir faire état des 130 millions de francs de travaux dotés sur le programme des 900 millions, il reste, en effet, à exécuter, notamment :

400 kilomètres de canalisations nouvelles pour l'électricité ;

31 kilomètres de chemin de fer Métropolitain pour l'exécution du réseau complémentaire et, en particulier, l'anneau intérieur par les grands boulevards ;

90 kilomètres de voie double en caniveau dans les voies les plus fréquentées, pour assurer le nouveau régime des tramways, travaux fort longs, ainsi qu'on a pu en juger récemment par la rue du Quatre-Septembre.

Pendant la période de seize années qui s'étend de 1898 à 1915, le chiffre des travaux exécutés sur ou sous la voie publique s'élèvera ainsi, non compris les dépenses de nettoiement, à plus d'un milliard de francs.

Ce sont là des opérations gigantesques et qui, réalisées sans agrandissement territorial, sont sans précédent dans l'histoire d'une cité.

Aussi, doit-on souhaiter que les Parisiens, prenant en considération les avantages considérables qui en résultent, veuillent bien supporter avec patience les ennuis inévitables qu'entraîne leur réalisation.

Paris, le 11 octobre 1909.

L'Inspecteur,

Signé : E. JAYOT.

Vu,

Le Directeur de l'Inspection Générale
et du Contentieux,

Signé : DEROUIN.

1° SERVICE TECHNIQUE DE LA VOIE PUBLIQUE ET DE L'ÉCLAIRAGE

CONTROLE DU CHEMIN DE FER ÉLECTRIQUE « NORD-SUD »

PREMIÈRE SECTION

NOMS DES RUES	NATURE DES TRAVAUX	NATURE DE L'EMPRISE Chaussée ou trottoirs BARRAGE COMPLET OU PARTIEL		LONGUEURS ou SURFACES approximatives DES EMPRISES
Place du Carrousel (Côté Est).	Relevé à bout du pavage en pierre.	Barrage complet du côté Est de la place. Chaussée.		$110^m \times 18^m$.
Rue de Rivoli, côté jardin des Tuileries, à l'angle de la place de la Concorde.	*Puits de service pour construction du Nord-Sud.*	Barrage partiel.	Chaussée. Trottoir.	$4^m \times 5^m$. $4^m \times 0^m,80$.
Rue de Rivoli, n° 258.	*Déviation d'égout au compte du Nord-Sud.*	Barrage partiel.	Chaussée. Trottoir.	$12^m,50 \times 1^m,40$. $12^m,50 \times 2^m$.
Rue de Rivoli, n° 258.	Déviation de conduites de gaz pour construction du Nord-Sud.	Barrage partiel.	Chaussée. Trottoir.	$15^m \times 3^m$. $5^m,50 \times 6^m$. $6^m \times 0^m,50$. $15^m \times 2^m$.
Rue de Rivoli, n° 252.	Id.	Barrage partiel.	Chaussée. Trottoir.	$8^m,50 \times 4^m$. $6^m \times 1^m$.
Rue Mondovi, n° 1.	Id.	Barrage partiel.	Chaussée. Trottoir.	$6^m \times 2^m$. $6^m \times 1^m,70$.
Boulevard de la Madeleine, n° 16.	*Construction d'accès à la ligne Nord-Sud.*	Barrage partiel.	Chaussée. Trottoir.	$18^m \times 14^m$.
Boul. de la Madeleine, n°⁵ 10-12.	*Chantier et puits pour construction de la ligne métropolitaine n° 8.*	Barrage partiel.	Chaussée. Trottoir.	$32^m \times 6^m,60$. $32^m \times 0^m,80$.
Place du Marché-Saint-Honoré.	Construction d'un chalet de nécessité.	Barrage partiel. Trottoir.		$20^m \times 15^m$.
Rue Saint-Honoré, n° 263.	Construction d'une galerie par la C. P. D. E. guérite.	Barrage partiel. Trottoir.		$2^m \times 2^m$.

NOMS DES RUES	NATURE DES TRAVAUX	NATURE DE L'EMPRISE Chaussée ou trottoirs BARRAGE COMPLET OU PARTIEL		LONGUEURS ou SURFACES approximatives DES EMPRISES
Rue Saint-Honoré, n° 356.	Construction d'une galerie par la C. P. D. E., puits (air comprimé).	Barrage partiel.	Chaussée. Trottoir.	$6^m,80 \times 3^m,50$. $6^m,80 \times 0^m,60$.
Rue Saint-Honoré, n° 350.	Id.	Barrage partiel.	Chaussée. Trottoir.	$7^m \times 3^m,60$. $7^m \times 0^m,60$.
Rue Saint-Honoré, n° 342.	Id.	Barrage partiel.	Chaussée. Trottoir.	$7^m \times 3^m,60$. $7^m \times 0^m,60$.
Rue Saint-Honoré, n° 219.	Id.	Barrage partiel.	Chaussée. Trottoir.	$7^m \times 3^m,50$. $7^m \times 0^m,60$.
Rue Saint-Honoré, n° 213.	Id.	Barrage partiel.	Chaussée. Trottoir.	$7^m,30 \times 3^m,50$. $7^m,30 \times 0^m,60$.
Rue Saint-Honoré, n° 205.	Id.	Barrage partiel.	Chaussée. Trottoir.	$7^m,40 \times 3^m,60$. $7^m,40 \times 0^m,50$.
Avenue de l'Opéra, n° 31.	*Cheminée d'aération du Métropolitain, ligne n° 7.*	Barrage partiel. Trottoir.		$1^m,65 \times 1^m,15$.
Rue Radziwill, n°s 17 à 23.	Tranchée pour canalisation, air comprimé.	Barrage partiel.	Chaussée. Trottoir.	$42^m,50 \times 2^m$. $42^m,50 \times 0^m,50$.
Avenue de l'Opéra, tranchée, 3-4.	Établissement de canalisation d'électricité.	Barrage partiel. 1/2 chaussée.		10^m.
Avenue de l'Opéra, n°s 34-26.	Pose de conduite T. B. $0^m,350$.	Barrage partiel. Trottoir.		2 fouilles de 10^{m2} chacune.
Place du Palais-Royal.	Puits pour canalisation air comprimé.	Barrage partiel.	Chaussée. Trottoir.	$9^m \times 7^m$. $1^m,50 \times 1^m,50$.
Place du Louvre, plateau.	*Construction de cheminée pour sous-station du Métropolitain.*	Barrage partiel. Trottoir.		$4^m \times 4^m$.
Quai des Orfèvres.	*Puits pour construction d'un bassin de désablement.*	Barrage partiel.	Chaussée. Trottoir.	$21^m,80 \times 6^m,90$. $7^m \times 2^m$. $22^m,80 \times 2^m,70$.
Rue de Rivoli, entre la rue du Louvre et le n° 264.	Relevé à neuf du pavage en bois.	Barrage partiel. Chaussée.		$240^m \times 8^m,80$.
Boul. des Capucines, n°s 17-21.	*Construction de la ligne n° 8 du Métropolitain.*	Barrage partiel.	Chaussée. Trottoir.	$8^m \times 6^m$. $20^m \times 6^m$. $7^m \times 7^m$. $3^m \times 3^m$.
Place de l'Opéra.	*Construction d'accès aux lignes n°s 7 et 8 du Métropolitain.*	Barrage partiel.	Chaussée. Trottoir.	10^{m2}. 5^{m2}.

NOMS DES RUES	NATURE DES TRAVAUX	NATURE DE L'EMPRISE Chaussée ou trottoirs BARRAGE COMPLET OU PARTIEL	LONGUEURS ou SURFACES approximatives DES EMPRISES
Palais de la Bourse.	*Construction de cheminée d'aération à la station métropolitaine.*	Barrage partiel. Trottoir.	20^{mq}.
Rue Vivienne.	Canalisation électrique.	Barrage partiel. { Chaussée. / Trottoir.	$2^m \times 2^m$. / $2^m \times 2^m$.
Rue Tiquetonne.	Réfection de trottoir (bordure et dallage) à la suite de l'ouverture d'une tranchée d'électricité.	Ouverture du trottoir. Barrage partiel.	Longueur : 10^m.
Rue des Lombards.	Id.	Id.	Longueur : 10^m.
Ru Tiquetonne.	Réfection sur tranchée de canalisation électrique.	Barrage partiel.	Longueur : 50^m.
Boul. de Sébastopol (3e circonsc.).	Repose de bordures déversées par la poussée du pavage en bois.	Id.	Longueur : 30^m.
Rue Baltard.	Construction de quatre branchements particuliers d'égout.	Ouverture du trottoir pour quatre puits de service. Barrage partiel.	2^{mq} à chaque puits.
Rue du Roule.	Réfection sur tranchée de canalisation électrique.	Barrage partiel. Trottoir.	Longueur : 20^m.
Boul. Bonne-Nouvelle, nos 8-16.	Pose de câbles électriques par la Compagnie Édison.	Ouverture du trottoir.	Longueur : 40^m.
Rue Saint-Denis.	Repiquage dans le pavage bois par l'équipe d'ouvriers en régie.	Barrage partiel. Chaussée.	10^{mq}.
Rue de Marengo.	Construction d'une galerie souterraine pour le compte de la Société des Magasins du Louvre.	Barrage partiel (sur la 1/2 largeur de chaussée).	$20^m \times 8^m$.
Rue Saint-Gilles, entre la rue de Turenne et le boulevard Beaumarchais (côté impair).	Établissement d'une canalisation électrique.	Barrage complet du trottoir.	$152^m \times 0^m80$.
Boulevard Beaumarchais, entre les rues du Pas-de-la-Mule et des Tournelles.	Convertissement en pavage en bois.	Barrage partiel de la chaussée (bas-côté impair) et du trottoir.	$130^m \times 8^m,50$. Sur 3^m de largeur.

NOMS DES RUES	NATURE DES TRAVAUX	NATURE DE L'EMPRISE Chaussée ou trottoirs BARRAGE COMPLET OU PARTIEL	LONGUEURS ou SURFACES approximatives DES EMPRISES
Place de la République, à l'entrée de l'avenue de la République.	Construction du caniveau souterrain pour équipement électrique de l'Est Parisien.	Barrage partiel. Chaussée.	Longueur : 18^m. Surface : 50^{m2}.
Place de la République, plateau face le Faubourg du Temple.	*Construction d'un ascenseur pour la station métropolitaine.*	Barrage partiel. { Chaussée. Trottoir.	40^{m2}. 330^{m2}.
Rue de la Tacherie	Remaniement de pavage en bois.	Barrage complet de la chaussée.	Surface : 400^{m2} environ.
Rue Beaubourg, angle rue Chapon.	Pose sous trottoir d'une conduite de gaz préalablement au convertissement du pavage pierre en pavage bois.	Barrage complet du trottoir.	Longueur : 50^m.
Rue du Figuier, n°s 22-28.	Réfection sur tranchée d'électricité, remise en place des bordures.	Barrage partiel. Trottoir.	Longueur : 30^m.
Quai du Marché-Neuf, face le n° 2.	Réfection du pavage à l'emplacement d'un puits du Métropolitain.	Barrage partiel. Chaussée.	11^m . 3^m.
Quai aux Fleurs, entre les ponts d'Arcole et Notre-Dame.	Construction d'une galerie d'électricité, 4 puits.	Id.	4 fois 8^m . 4^m.
Rue d'Arcole.	Construction d'une galerie d'électricité, 2 puits.	Id.	2 fois 8^m . 4^m.
Quai de la Cité, angle rue de la Cité, près le trottoir du Marché-aux-Fleurs.	Construction d'une galerie d'électricité, 1 puits.	Barrage partiel. { Chaussée. Trottoir.	8^m . 4^m.
Rue Chanoinesse, angle rue d'Arcole.	Construction d'une galerie d'électricité, 1 puits.	Barrage partiel. Chaussée.	8^m . 4^m.
Rue d'Arcole, sous le trottoir le long de l'Hôtel-Dieu.	Construction d'une galerie d'électricité.	Trottoir barré.	80^m . 2^m,70.
Quai de l'Hôtel-de-Ville, entre les n°s 40-62.	Relevé à bout de pavage en pierre.	Barrage partiel de la chaussée (bas-côté entre la voie de tramway et la bordure).	80^m . 6^m.
Rue de l'Hôtel-de-Ville, n°s 2-90.	Établissement de canalisation d'électricité.	Barrage complet du trottoir.	360^m.

NOMS DES RUES	NATURE DES TRAVAUX	NATURE DE L'EMPRISE Chaussée ou trottoirs BARRAGE COMPLET OU PARTIEL	LONGUEURS ou SURFACES approximatives DES EMPRISES
Rue de Saintonge, nos 34-47.	Établissement de canalisation d'électricité.	Barrage complet du trottoir.	100m.
Rue Bourg-Tibourg, nos 20-34.	Id.	Id.	70m.
Rue Lesdiguières, nos 5-7.	Id.	Id.	40m.
Boulevard Sébastopol, nos 88-94.	Construction de galerie d'électricité.	Barrage partiel (3 puits sous chaussée).	3 fois 20m2.
Rue de Rivoli, no 110 et rue des Halles, no 6.	Puits pour galerie d'électricité.	Barrage partiel (2 puits).	2 fois 30m2.
Rue Vivienne, nos 39-53.	Renforcement de canalisation électrique	Barrage complet du trottoir.	125m.
Place du Théâtre-Français, nos 1-5.	Id.	Id.	40m.
Boul. des Italiens, refuge face 1-3.	Installation de candélabre électrique.	Barrage partiel. Refuge.	1m2.
Rue du Caire, entre Saint-Denis et Sébastopol.	Pose de conduite T. B. 0m,162.	Barrage complet du trottoir.	100m.

NOMS DES RUES	NATURE DES TRAVAUX	NATURE DE L'EMPRISE Chaussée ou trottoirs BARRAGE COMPLET OU PARTIEL	LONGUEURS ou SURFACES approximatives DES EMPRISES

VOIE PUBLIQUE

5ᵉ Arrondissement.

NOMS DES RUES	NATURE DES TRAVAUX	NATURE DE L'EMPRISE	LONGUEURS ou SURFACES
Place du Panthéon, devant l'École de Droit.	Relevé à bout de pavage en pierre.	Barrage partiel de la chaussée.	Longueur : 58ᵐ,50; largeur : 5ᵐ,50.
Rue Descartes, entre les rues Clovis et la Montagne-Sainte-Geneviève.	Id.	Barrage complet de la chaussée.	Longueur: 100ᵐ; largeur moyenne : 4ᵐ,50.
Rue des Écoles, entre le boulevard Saint-Michel et la rue de la Sorbonne.	Remaniement de trottoir en granit avec retaille des dalles.	Barrage partiel du trottoir pair.	Longueur : 60ᵐ; largeur : 3ᵐ,50.
Rue Pierre-Nicole.	Réfection de bitume.	Barrage du trottoir impair avec accès possible aux riverains.	Longueur : 30ᵐ; largeur : 2ᵐ,40.

6ᵉ Arrondissement.

NOMS DES RUES	NATURE DES TRAVAUX	NATURE DE L'EMPRISE	LONGUEURS ou SURFACES
Boulevard Saint-Michel, entre les rues du Val-de-Grâce et Auguste-Comte.	Relevé à bout de pavage en bois dans les voies de tramways.	Barrage complet de la chaussée.	Longueur : 250ᵐ; largeur : 14ᵐ.
Rue de Médicis, entre le carrefour Médicis et la rue de Vaugirard.	Remaniement de pavage en bois.	Id.	Emprise : 250ᵐ².
Rue de l'Odéon.	Relevé à bout de pavage en bois avec rechargement de la fondation.	Id.	Surface : 250ᵐ².
Boulevard du Montparnasse, entre la rue de Sèvres et la place de Rennes.	Réfection de pavage en bois à l'entretien.	Chaussée barrée partiellement.	Surface : 250ᵐ².
Rue du Four, entre la rue de Rennes et le boulevard Saint-Germain.	Id.	Id.	Surface : 85 ᵐ².
Rue de Rennes, entre le boulevard Raspail et la place de Rennes.	Réparation de pavage en pierre.	Id.	Surface : 400ᵐ².

NOMS DES RUES	NATURE DES TRAVAUX	NATURE DE L'EMPRISE Chaussée ou trottoirs BARRAGE COMPLET OU PARTIEL	LONGUEURS ou SURFACES approximatives DES EMPRISES
		« Emprises de la Société Nord-Sud »	
Place de Rennes, angle de la rue de l'Arrivée.	Puits de service.	Chaussée barrée partiellement.	Surface : 16^{m2}.
Place de Rennes, angle de la rue du Départ.	Construction des accès à la station « Montparnasse ».	Id.	Surface : 220^{m2}.
Boulevard du Montparnasse, n° 73.	Id.	Barrage partiel du trottoir.	Surface : 210^{m2}.
Boulevard Raspail, angle de la rue de Rennes.	Construction des accès à la station « Rennes ».	Chaussée barrée partiellement.	Surface : 800^{m2}.
Boulevard Raspail, n° 86.	Puits de service.	Contre-allée barrée partielle-ment.	Surface : 40^{m2}.
Boulevard Raspail, près la rue du Cherche-Midi.	Poste transformateur.	Id.	Surface : 12^{m2}.
Boulevard Raspail, près la rue du Cherche-Midi.	Hangar à ciment.	Id.	Surface : 40^{m2}.
Boulevard Raspail, angle de la rue de Sèvres.	Construction des accès à la station « Sèvres ».	Chaussée barrée partiellement.	Surface : 200^{m2}.
Boulevard Raspail, entre les rues Stanislas et Notre-Dame-des-Champs.	Construction des accès à la station « Notre-Dame-des-Champs ».	Chaussée barrée complètement et contre-allée barrée partiel-lement.	Surface : 1.150^{m2}.
		7° Arrondissement.	
Rue de Grenelle, entre le boulevard des Invalides et la rue de Constantine.	Réfection d'asphalte.	Chaussée barrée partiellement.	Surface : 150^{m2}.
Rue de Bourgogne, entre les rues Saint-Dominique et Las-Cases.	Relevé à bout de pavage en bois.	Barrage complet de la chaussée.	Longueur : 60^{m}.

NOMS DES RUES	NATURE DES TRAVAUX	NATURE DE L'EMPRISE Chaussée ou trottoir BARRAGE COMPLET OU PARTIEL	LONGUEURS ou SURFACES approximatives DES EMPRISES
Quai d'Orsay, entre le n° 11 et le boulevard Saint-Germain.	Goudronnage de la chaussée empierrée.	Barrage partiel de la chaussée sur une zone de 300ᵐ de long.	Longueur : 300ᵐ.
Quai d'Orsay, face gare des Invalides.	Installation d'un kiosque de surveillant de voitures.	Barrage partiel du trottoir.	Surface : 30ᵐ².
Avenue de Tourville, entre la place Vauban et l'avenue Duquesne.	Convertissement d'empierrement en pavage en pierre.	Barrage partiel de la chaussée.	Surface : 330ᵐ².
Avenue de Saxe, angle des rues Nouvelles A et B.	Raccordements avec la voie publique.	Id.	Surface : 210ᵐ².
Rue Champfleury (Champ-de-Mars).	Raccordement de pavage (entretien).	Id.	Surface : 12ᵐ².
Rue Saint-Dominique, entre l'avenue Bosquet et le boulevard de la Tour-Maubourg.	Repiquage dans le pavage en bois (entretien).	Id.	Surface : 6ᵐ².
Avenue Charles-Floquet, entre les rues Saint-Dominique et Champfleury.	Repose de bordures (entretien).	Barrage partiel du trottoir.	Surface : 15ᵐ²
Place de Breteuil.	Réparation de la chaussée empierrée (entretien).	Barrage partiel de la chaussée.	Surface : 120ᵐ².
Pont de l'Alma.	Réparation de joints de rails. Consolidation des voies de tramways. (Compagnie Générale Parisienne de Tramways.)	Id.	Surface : 12ᵐ².

Emprises de la Société « Nord-Sud »

NOMS DES RUES	NATURE DES TRAVAUX	NATURE DE L'EMPRISE	LONGUEURS ou SURFACES
Boulevard Raspail, angle de la rue de la Chaise.	Puits et matériel.	Barrage partiel de la chaussée.	Surface : 70ᵐ².
Boulevard Raspail, n° 2.	Chantier d'accès à la station « Rue du Bac ».	Id.	Surface : 300ᵐ².
Boulevard Raspail, n° 2.	Poste de transformateur.	Barrage partiel du trottoir.	Surface : 12ᵐ².

NOMS DES RUES	NATURE DES TRAVAUX	NATURE DE L'EMPRISE Chaussée ou trottoirs BARRAGE COMPLET OU PARTIEL	LONGUEURS ou SURFACES approximatives DES EMPRISES
Boulevard Saint-Germain, n° 215 bis	Puits-pompe d'épuisement.	Chaussée et trottoir barrés partiellement.	Surface : 20 m².
Boulevard Saint-Germain, angle de la rue Saint-Dominique.	Chantier.	Barrage partiel de la chaussée.	Surface : 50 m².
Boulevard Saint-Germain, angle de la rue Saint-Dominique.	Chantier d'accès de la station « Bellechasse ».	Chaussée et trottoir barrés partiellement.	Surface : 30 m².
Boulevard Saint-Germain, n° 229.	Id.	Id.	Surface : 35 m².
Boulevard Saint-Germain, n° 229.	Poste de transformateur.	Barrage partiel du trottoir.	Surface : 18 m².
Boulevard Saint-Germain, angle de la rue de Solférino.	Puits et pompe d'épuisement.	Barrage partiel de la chaussée:	Surface : 12 m².
Rue de Solférino, n°s 15-17.	Chantiers et forge.	Chaussée et trottoir barrés partiellement.	Surface : 350 m².
Boulevard Saint-Germain, n° 231.	Chantier.	Barrage partiel de la chaussée.	Surface : 30 m².
Boulevard Saint-Germain, n° 231.	Bureau.	Barrage partiel du trottoir.	Surface : 6 m².
Boulevard Saint-Germain, n° 272, et angle de la rue de Lille.	Chantiers des accès à la station « Rue de l'Université ».	Chaussée et trottoir barrés partiellement.	Surface : 250 m².
Boulevard Saint-Germain (impair) entre les rues de l'Université et de Courty.	Chantier, matériel, bureaux, forges, matériaux et ateliers.	Chaussée et trottoir barrés partiellement.	Surface : 1.500 m².
Quai d'Orsay, amont pont de la Concorde.	Puits.	Barrage partiel du trottoir.	Surface : 10 m².

ÉCLAIRAGE

Néant.

NOMS DES RUES	NATURE DES TRAVAUX	NATURE DE L'EMPRISE Chaussée ou trottoirs BARRAGE COMPLET OU PARTIEL	LONGUEURS ou SURFACES approximatives DES EMPRISES
Service de la voie publique et de l'éclairage.			
Avenue Montaigne.	Remaniement général de pavage en bois.	Chaussée. Total.	3.500mᵈ.
Avenue de Friedland, entre rue du Faubourg-Saint-Honoré et rue de Tilsitt.	Consolidation des voies de tramways et remaniements de pavage en pierre et pavage en bois consécutifs.	Chaussée. Partiel.	3.000mᵈ.
Rue Royale, nᵒˢ 1-15.	Réfection définitive de viabilité au-dessus du souterrain de la ligne métropolitaine nᵒ 8.	Id.	600mᵈ.
Rue Saint-Florentin, nᵒˢ 3-17.	Raccordement de pavage en pierre sur tassements causés par la construction de la ligne souterraine Nord-Sud.	Id.	300mᵈ.
Rue Blanche, entre rue Moncey et nᵒ 63.	Remaniement général de pavage en pierre.	Chaussée. Complet.	100mᵈ.
Rue Montholon, entre la rue La Fayette et rue Rochechouart.	Id.	Id.	500mᵈ.
Rue Richer, nᵒˢ 24-60.	Remaniement de trottoirs (bordures et dallages).	Trottoir. Complet.	120mᵈ.
Rue de Courcelles, angle boulevard Hausmann.	Transformation de revêtement de trottoir au compte des riverains.	Id.	120mᵈ.
Rue du Faubourg-Saint-Martin, nᵒˢ 135-137.	Relevé à neuf de trottoirs.	Id.	200mᵈ.
Métropolitain.			
Place de la Concorde, en aval du pont, le long du quai de la Conférence.	Chantiers et dépôts de l'entreprise Brissot (ligne nᵒ 8, 8ᵉ lot).	Chaussée. Partiel. Trottoir. Partiel.	810mᵈ. 415mᵈ.
Place de la Concorde, face le Jardin de Paris et plateau de Nantes. Et : **Avenue Dutuit**, angle Cours-la-Reine.	Métropolitain, ligne nᵒ 8. Chantiers de l'entreprise Daydé et Pillé.	Chaussée. Partiel. Trottoir et contre-allée. Partiel.	30mᵈ. 20mᵈ.

NOMS DES RUES	NATURE DES TRAVAUX	NATURE DE L'EMPRISE Chaussée ou trottoirs BARRAGE COMPLET OU PARTIEL	LONGUEURS ou SURFACES approximatives DES EMPRISES
		Métropolitain (suite).	
Pl. de la Madeleine, (plateau Est).	Métropolitain, ligne n° 8. Chantiers de l'entreprise Brissot.	Chaussée. Partiel.	200^{m2}.
Place de la Madeleine, devant l'église.	Id.	Id.	100^{m2}.
Rue Royale, n°ˢ 1 et 15.	Id.	Trottoir. Partiel.	35^{m2}.
Place de l'Opéra.	Métropolitain. Accès à la station « Opéra » des lignes n°ˢ 7 et 8.	Chaussée. Partiel.	190^{m2}.
Rue Halévy, angle rue Gluck.	Métropolitain. Ligne n° 7, puits réservé pour l'approvisionnement du ballast.	Id.	25^{m2}.
Rue Montholon, n° 13.	Métropolitain. Ligne n° 7, puits de descente.	Id.	16^{m2}.
Boulevard de Denain, angle boulevard Magenta.	Métropolitain. Ligne n° 5, accès supplémentaire à la station « Gare du Nord ». La Compagnie du Chemin de fer Métropolitain, entrepreneur.	Chaussée et trottoir. Partiel.	120^{m2}.
Rue du Faub.-St-Martin, n° 267.	Métropolitain. Ligne n° 7 *bis*, puits et matériaux.	Trottoir. Partiel. Chaussée. Partiel.	4^{m2}. 5^{m2}.
Rue du Faub.-St-Martin, n° 255.	Métropolitain. Ligne n° 7 *bis*, matériaux.	Trottoir et chaussée. Partiel.	105^{m2}.
Rue du Faub.-St-Martin, n° 251.	Métropolitain. Ligne n° 7 *bis*, estacade pour monte-charge.	Id.	120^{m2}.
Rue du Faub.-St-Martin, n° 243.	Métropolitain. Ligne n° 7 *bis*, dépôt de matériaux.	Chaussée. Partiel. Trottoir. Partiel.	18^{m2}. 12^{m2}.
Rue du Faub.-St-Martin, angle rue Chaudron.	Métropolitain. Ligne n° 7 *bis*, bétonnière et matériaux.	Chaussée. Partiel.	15^{m2}.
Rue du Faub.-St-Martin, n° 240.	Métropolitain. Ligne n° 7 *bis*, matériaux.	Id.	40^{m2}.

NOMS DES RUES	NATURE DES TRAVAUX	NATURE DE L'EMPRISE Chaussée ou trottoirs BARRAGE COMPLET OU PARTIEL	LONGUEURS ou SURFACES approximatives DES EMPRISES
		Nord-Sud.	
Place de la Concorde, le long des Tuileries et du plateau de Strasbourg.	Nord-Sud. Chantier de l'entreprise Coulange et Sentou.	Chaussée. Complet.	1.700^{m2}.
Place de la Concorde, face le plateau de Lyon (côté du jardin).	Nord-Sud. Chantier de l'entreprise Berlier.	Chaussée. Partiel. Trottoir. Partiel.	110^{m2}. 90^{m2}.
Rue de Hambourg, n° 2.	Construction de la ligne Nord-Sud.	Chaussée. Partiel.	75^{m2}
Rue d'Amsterdam, angle Berlin.	Id.	Id.	100^{m2}.
Place Budapest, n°ˢ 4 et 10.	Id.	Id.	220^{m2}.
Rue d'Amsterdam, n° 1.	Id.	Chaussée et trottoir. Partiel.	40^{m2}.
Rue d'Amsterdam, n° 2.	Id.	Chaussée. Partiel.	10^{m2}.
Place du Hâvre, près la Cour du Hâvre.	Id.	Chaussée et trottoir. Partiel.	135^{m2}.
Rue Saint-Lazare, Terminus.	Id.	Chaussée. Partiel.	10^{m2}.
Rue Saint-Lazare, Terminus.	Id.	Id.	10^{m2}.
Rue Saint-Lazare, devant la Cour de Rome.	Id.	Id.	18^{m2}.
Rue Saint-Lazare, devant la Cour de Rome, près le bureau des Omnibus.	Id.	Id.	15^{m2}.
Rue Saint-Lazare, angle rue du Rocher.	Id.	Id.	300^{m2}.
Rue de Provence, n° 120.	Id.	Id.	40^{m2}.
Rue Tronchet, angle Vignon.	Id.	Id.	100^{m2}.

NOMS DES RUES	NATURE DES TRAVAUX	NATURE DE L'EMPRISE Chaussée ou trottoirs BARRAGE COMPLET OU PARTIEL	LONGUEURS ou SURFACES approximatives DES EMPRISES
		Nord - Sud *(suite)*.	
Place de la Madeleine, (plateau Est, église).	Construction de la ligne souterraine Nord-Sud.	Chaussée. Partiel.	530m².
Place de la Madeleine, (plateau Est, église).	Id.	Id.	200m².
Place de la Madeleine, face 18.	Id.	Id.	10m².
Place de la Madeleine, face 16.	Id.	Chaussée et trottoir. Partiel.	110m².
Rue Richepance, nᵒ 2.	Id.	Id.	30m².
Rue Saint-Lazare, nᵒˢ 107-109.	Construction de la ligne souterraine Nord-Sud, 5ᵉ lot.	Chaussée. Partiel.	50m².
Rue Saint-Lazare, nᵒ 99.	Id.	Id.	12m².
Place de la Trinité.	Id.	Id.	230m².
Rue de Châteaudun, nᵒ 44.	Id.	Id.	35m².
Rue de Châteaudun, nᵒ 32.	Id.	Chaussée et trottoir. Partiel.	65m².
Rue de Châteaudun, angle Bourdaloue.	Id.	Id.	170m².
Rue Fléchier.	Id.	Chaussée. Complet.	210m².
Place Saint-Georges.	Id.	Chaussé. Partiel.	256m².
Rue Henri-Monnier, angle Clauzel.	Id.	Id.	230m².
Rue de Navarin, angle Henri-Monnier.	Id.	Id.	25m².
Rue Victor-Massé, nᵒ 28.	Id.	Id.	95m².
Rue Frochot, nᵒ 12.	Id.	Id.	25m².

NOMS DES RUES	NATURE DES TRAVAUX	NATURE DE L'EMPRISE Chaussée ou trottoirs BARRAGE COMPLET OU PARTIEL	LONGUEURS ou SURFACES approximatives DES EMPRISES
Divers.			
Rue de Rome, nº 8, angle boulevard des Batignolles.	Chemins de fer de l'État. Construction du tunnel de Bécon-les-Bruyères.	Chaussée et trottoir. Partiel.	820ᵐ².
Secteurs électriques.			
Rue Victor-Massé.	Construction de galerie électrique.	Chaussée et trottoirs. Partiel. Chantiers pour puits de service.	105ᵐ².
Rue de Douai.	Id.	Id.	100ᵐ².
Rue Pigalle.	Id.	Id.	150ᵐ².
Rue de Provence.	Id.	Id.	185ᵐ².
Rue Bergère.	Id.	Id.	80ᵐ².
Rue Laferrière.	Construction de regard et déviation de galerie.§	Trottoir et chaussée. Partiel.	10ᵐ².
Rue Saint-Lazare, nᵒˢ 1-17.	Transformation de canalisation électrique.	Trottoir impair. Complet. Chaussée. Partiel.	Longueur : 115ᵐ.
Rue Saint-Lazare, nᵒˢ 57-71.	Établissement de canalisation électrique.	Id.	Id. 125ᵐ.
Rue Taitbout, nᵒˢ 44-51.	Id.	Id.	Id. 70ᵐ.
Rue Milton, nᵒˢ 1-5.	Id.	Id.	Id. 105ᵐ.
Rue Mayran, nᵒˢ 1-5.	Id.	Id. en outre, barrage complet rue Mayran et Montholon.	Id. 65ᵐ.
Rue La Fayette, nᵒˢ 79-84.	Transformation de canalisation électrique.	Trottoir. Complet.	Id. 70ᵐ.
Boulevard Magenta, nᵒˢ 149-153.	Id.	Id.	Id. 60ᵐ.
Rue du Faubourg-Sᵗ-Denis, entre boulevard Saint-Denis et rue du Château-d'Eau.	Id.	Id.	Id. 265ᵐ.

NOMS DES RUES	NATURE DES TRAVAUX	NATURE DE L'EMPRISE Chaussée ou trottoirs BARRAGE COMPLET OU PARTIEL	LONGUEURS ou SURFACES approximatives DES EMPRISES
	Secteurs électriques *(suite)*.		
Rue de Paradis, nos 1-7.	Établissement de canalisation électrique.	Trottoir. Complet. Chaussée. Partiel.	Longueur : 55m.
Rue du Château-d'Eau.	Transformation de canalisation électrique.	Id.	Id. 115m.
Rue de la Fidélité.	Id.	Id.	Id. 110m.
Rue du Faubourg-Saint-Martin, nos 225-267.	Établissement de canalisation électrique.	Trottoir. Complet.	Id. 320m.
Rue La Fayette, nos 215-225.	Transformation de canalisation électrique.	Trottoir. Complet. Chaussée. Partiel.	Id. 75m.
Boul. Magenta, traversée Maubeuge.	Id.	Chaussée. Partiel.	Id. 25m.
Boul. Magenta, entre Faub.-St-Denis et rue de la Fidélité.	Id.	Trottoir. Partiel.	Id. 165m.
Rue de Paradis, nos 7-27.	Id.	Trottoir. Complet. Chaussée. Partiel.	Id. 200m.
Rue Albouy, entre boul. Magenta et rue du Château-d'Eau.	Id.	Trottoir. Complet. Chaussée. Partiel.	Id. 50m.
Boulevard Magenta, entre Belzunce et Albouy.	Construction de galerie électrique.	Chantiers sur chaussée et trottoir pour puits de service.	320m2.
Rue de Belzunce, entre rue de Maubeuge et boul. Magenta.	Id.	Id.	75m2.
Rue Pasquier, entre rue de la Pépinière et boulevard Malesherbes.	Id.	Id.	170m2.
Quai de Jemmapes à la rue Bichat.	Recherche de fuite sur conduite de gaz.	Barrage complet.	Longueur : 10m.
Rue Fontaine, entre Pigalle et Douai (côté impair).	Installation de conduites de gaz.	Chaussée et trottoir. Partiel.	Id. 100m.

NOMS DES RUES	NATURE DES TRAVAUX	NATURE DE L'EMPRISE chaussée ou trottoirs BARRAGE COMPLET OU PARTIEL	LONGUEURS ou SURFACES approximatives DES EMPRISES
11e Arrondissement.			
41e Quartier de la Folie-Méricourt.			
Avenue de la République, n° 1.	Établissement d'un caniveau électrique dans les voies de tramways *par la Compagnie des Tramways de l'Est-Parisien.*	La moitié de la chaussée était barrée.	Longueur : 55^m. Surface : 385^{m2}.
Avenue Parmentier, n°s 83-87.	Pose de canalisations électriques.	Barrage partiel du trottoir.	Longueur : 85^m.
Avenue Parmentier, n°s 86-90.	Id.	Id.	Longueur : 50^m.
Rue Saint-Maur, n°s 98-104,	Id.	Id.	Id.
Avenue de la République (côté impair, entre l'avenue Parmentier et la rue Oberkampf).	Id.	Id.	Longueur : 20^m.
42e Quartier de Saint-Ambroise.			
Néant.			
43e Quartier de la Roquette.			
Rue Keller, n° 31.	Relevé à bout de pavage en pierre.	Barrage complet de la chaussée.	Longueur : 25^m. Surface : 180^{m2}.
Rue des Boulets, n°s 107-109.	Remaniement de pavage en pierre.	Id.	Longueur : 20^m. Surface : 150^{m2}.
Rue de la Roquette, n°s 93-97.	Réfection de bitume sur tranchée de câbles électriques.	Barrage partiel du trottoir.	Longueur : 35^m.
Rue Saint-Maur, n°s 2-4.	Id.	Id.	Id.
Rue Popincourt, n°s 14-16.	Réfection de dallage sur tranchée de câbles électriques.	Id.	Longueur : 20^m.

NOMS DES RUES	NATURE DES TRAVAUX	NATURE DE L'EMPRISE Chaussée ou trottoirs BARRAGE COMPLET OU PARTIEL	LONGUEURS ou SURFACES approximatives DES EMPRISES
	43ᵉ Quartier de la Roquette *(suite).*		
Rue du Chemin-Vert, nᵒˢ 49-51.	Réfection de dallage sur tranchée de câbles électriques.	Barrage partiel du trottoir.	Longueur : 20ᵐˡ.
Place de la Bastille, face le nᵒ 5.	Réparations des voies de la ligne de tramways « Vincennes-Louvres » *par la Compagnie Générale des Omnibus.*	Barrage partiel de la chaussée.	Longueur : 10ᵐˡ.
Boulevard Richard-Lenoir, face le nᵒ 24.	Réparation des voies de la ligne de tramways « Saint-Ouen-Bastille » *par la Compagnie Générale des Omnibus.*	Id.	Longueur : 30ᵐˡ.
Rue Popincourt, nᵒˢ 8-14.	Réparation de conduite de gaz *par la Société du Gaz de Paris.*	Id.	Longueur : 100ᵐˡ.
	44ᵉ Quartier Sainte-Marguerite.		
Avenue Philippe-Auguste, entre les rues de Montreuil et Alexandre Dumas.	Relevé à bout de pavage en pierre.	Barrage partiel de la chaussée.	Surface : 2.500ᵐ².
Place de la Nation, plateau entrée Dorian.	Construction d'un puits d'aération *par la Compagnie du Chemin de fer Métropolitain.*	Barrage partiel du plateau sablé.	Surface : 15ᵐ².
	12ᵉ Arrondissement.		
	45ᵉ Quartier du Bel-Air.		
Rue Michel-Bizot, entre le nᵒ 85 et la rue Louis-Braille.	Relevé à bout de pavage en pierre.	Barrage partiel de la chaussée.	Longueur : 50ᵐˡ. Surface : 225ᵐ².
	46ᵉ Quartier de Picpus.		
Boulevard Diderot, entre le passage du Génie et le nᵒ 144.	Remaniement de pavage en bois.	Barrage partiel de la chaussée.	Surface : 850ᵐ².
Rue Nicolaï, entre les rues de Charenton et des Meuniers.	Remaniement de pavage en pierre.	Barrage complet de la chaussée.	Surface : 950ᵐ².

NOMS DES RUES	NATURE DES TRAVAUX	NATURE DE L'EMPRISE Chaussée ou trottoirs BARRAGE COMPLET OU PARTIEL	LONGUEURS ou SURFACES approximatives DES EMPRISES
	46ᵉ Quartier de Picpus *(suite).*		
Carrefour du Boulevard de Reuilly et de la rue de Charenton.	Établissement de caniveau étanche.	Barrage partiel de la chaussée et du trottoir.	Surface : 105ᵐ².
	Construction en souterrain de galerie pour câbles électriques *par la Compagnie Parisienne de Distribution d'Élec tricité :*		
Avenue Daumesnil, angle de la rue Élisa-Lemonnier.	Ouverture de puits.	Id.	Surface : 32ᵐ².
Rue Élisa-Lemonnier, nº 11.	Id.	Id.	Id.
Rue Élisa-Lemonnier, nº 5.	Id.	Id.	Id.
Rue Élisa-Lemonnier, nº 1, angle de la rue Dubrunfaut.	Id.	Barrage partiel de la chaussée.	Id.
Rue Dubrunfaut, nº 3.	Id.	Barrage partiel de la chaussée et du trottoir.	Id.
Boulevard de Reuilly, face la rue Dubrunfaut.	Id.	Barrage partiel de la chaussée.	Id.
Boulevard de Reuilly, nº 6.	Id.	Barrage partiel du trottoir.	Surface : 36ᵐ².
Boulevard de Reuilly, angle de la rue de Charenton.	Id.	Barrage partiel de la chaussée.	Surface : 27ᵐ².
Carrefour du boulevard de Reuilly et de la rue de Charenton.	Dépôt de matériaux.	Id.	Surface : 72ᵐ².
Avenue Daumesnil, face la rue Élisa-Lemonnier.	Id.	Barrage partiel du trottoir.	Surface : 42ᵐ².
	47ᵉ Quartier de Bercy.		
Quai de Bercy, entre la rue de Dijon et le boulevard de Bercy.	Relevé à bout de pavage en pierre.	Barrage partiel de la chaussée.	Longueur : 120ᵐˡ. Surface : 1.200ᵐ².
Rue de Pomard et rue de Chablis.	Réfection complète de trottoirs après construction d'immeuble.	Barrage partiel des trottoirs.	Longueur : 100ᵐˡ. Surface : 240ᵐ².

NOMS DES RUES	NATURE DES TRAVAUX	NATURE DE L'EMPRISE Chaussée ou trottoirs BARRAGE COMPLET OU PARTIEL	LONGUEURS ou SURFACES approximatives DES EMPRISES
	18ᵉ Quartier des Quinze-Vingts.		
Rue Crozatier, nᵒˢ 77-79.	Relevé à bout de pavage.	Barrage partiel de la chaussée.	Surface : 160ᵐ².
Rue de Cotte, nᵒˢ 1-9.	Relevé à neuf d'asphalte.	Barrage complet de la chaussée.	Surface : 360ᵐ².
Rue de Lyon, nᵒˢ 8-30.	Remaniement de pavage en bois dans les voies ferrées.	Barrage partiel de la chaussée.	Surface : 130ᵐ².
Rue Chaligny, nᵒˢ 21-23.	Élargissement de trottoir.	Barrage partiel de la chaussée et du trottoir.	Longueur : 50ᵐ.
	Construction en souterrain de galerie pour câbles électriques *par la Compagnie Parisienne de Distribution d'Électricité :*		
Rue de Charenton, angle de l'avenue Ledru-Rollin.	Ouverture de puits.	Id.	Surface : 33ᵐ².
Rue de Charenton, nᵒˢ 84-86.	Id.	Id.	Surface : 27ᵐ².
Rue de Charenton, angle de la rue de Prague.	Id.	Id.	Surface : 32ᵐ².
Rue de Charenton, face la rue de Cotte.	Id.	Id.	Surface : 21ᵐ².
Rue de Charenton, face la rue d'Aligre.	Id.	Id.	Surface : 32ᵐ².
Rue de Charenton, nᵒ 102.	Id.	Id.	Surface : 14ᵐ².
Rue de Charenton, nᵒ 106.	Id.	Id.	Surface : 21ᵐ².
Rue des Charbonniers, nᵒ 25.	Dépôt de matériaux.	Id.	Surface : 60ᵐ².
Rue de Charenton, nᵒ 112.	Ouverture de puits.	Id.	Surface : 21ᵐ².

NOMS DES RUES	NATURE DES TRAVAUX	NATURE DE L'EMPRISE chaussée ou trottoirs BARRAGE COMPLET OU PARTIEL	LONGUEURS ou SURFACES approximatives DES EMPRISES
		48° Quartier des Quinze-Vingts *(suite)*.	
Rue de Charenton, n° 116.	Ouverture de puits.	Barrage partiel de la chaussée et du trottoir.	Surface : 21^{m2}.
Boulevard Diderot, croisement de la rue de Charenton.	Id.	Barrage partiel de la chaussée.	Surface : 42^{m2}.
Boulevard Diderot, croisement de la rue de Charenton.	Id.	Id.	Surface : 64^{m2}.
Boulevard Diderot, n° 58.	Id.	Barrage partiel du trottoir.	Surface : 32^{m2}.
Rue d'Aligre, n° 21.	Id.	Barrage partiel de la chaussée et du trottoir.	Surface : 28^{m2}.
Rue d'Aligre, angle de la rue Crozatier, n° 74.	Id.	Id.	Surface : 22^{m2}.
Rue d'Aligre, angle du faubourg Saint-Antoine.	Id.	Barrage partiel de la chaussée.	Surface : 21^{m2}.
Place d'Aligre, n° 4.	Id.	Id.	Surface : 32^{m2}.
Rue Crozatier, angle du faubourg Saint-Antoine.	Id.	Barrage partiel de la chaussée et du trottoir.	Surface : 35^{m}.
Rue Trousseau, n° 2.	Id.	Id.	Surface : 17^{m2}.

NOMS DES RUES	NATURE DES TRAVAUX	NATURE DE L'EMPRISE Chaussée ou trottoirs BARRAGE COMPLET OU PARTIEL	LONGUEURS ou SURFACES approximatives DES EMPRISES
Quai de la Gare, entre les nᵒˢ 117 et 127.	Relevé à bout du pavage en pierre.	Chaussée. Barrage partiel.	$80^m \times 5^m,50$.
Avenue d'Ivry, entre les rues de Tolbiac et Baudricourt.	Réfection du dallage en bitume sur la tranchée ouverte pour la pose des câbles électriques du chemin de fer Nord-Sud.	Trottoir (côté pair).	$50^m \times 0^m,80$.
Rue de Tolbiac, bas côté impair, entre les rues Martin-Bernard et Barrault.	Remaniement de pavage en pierre.	Barrage partiel par demi-chaussée	$50^m \times 5^m$.
Rue des Gobelins.	Remaniement de pavage.	Chaussée. Barrage complet.	Longueur : 10^m.
Place Denfert-Rochereau, au débouché du boulevard Raspail.	Convertissement en pavage en bois.	Chaussée. Barrage partiel.	100^{m2}.
Boulevard Raspail, entre les rues Campagne-Première et Schœlcher.	Raccordement de pavage en pierre occasionné par l'établissement du caniveau électrique sur la ligne « Fontenay-Saint-Germain-des-Prés ».	Id.	240^{m2}.
Boulevard Raspail, entre les boulevards du Montparnasse et Edgard-Quinet.	Relevé à bout du pavage en pierre.	Id.	180^{m2}.
Rue Leclerc.	Id.	Chaussée. Barrage complet.	700^{m2}.
Porte d'Orléans, extra-muros.	Terrassements. Bouches d'égout et pavage.	Chaussée. Barrage partiel.	$50^m \times 20^m$.
Rue d'Alésia, entre le carrefour des Quatre-Chemins et la rue des Plantes.	Relevé à bout de pavage en bois.	Chaussée. Barrage complet.	$310^m \times 5^m$.
Rue Mouton-Duvernet, à l'angle de l'avenue d'Orléans.	Travaux d'accès à la station du Métropolitain.	Trottoir. Barrage partiel.	$20^m \times 4^m$.
Avenue d'Orléans, à l'angle de l'avenue du Maine.	Id.	Id.	$2 \times 5^m \times 3^m$.
Rue de Vanves, entre les rues Châtelain et de Gergovie.	Pose de 2 conduites de gaz de $0^m,108$.	Trottoirs. Barrage partiel avec ponts de service.	Longueur : 100^m environ.
Boulevard Saint-Jacques.	Pose de 2 câbles armés.	Id.	Longueur : 200^m environ.
Boulevard Auguste-Blanqui.	Id.	Id.	Longueur : 180^m environ.

NOMS DES RUES	NATURE DES TRAVAUX	NATURE DE L'EMPRISE Chaussée ou trottoirs BARRAGE COMPLET OU PARTIEL	LONGUEURS ou SURFACES approximatives DES EMPRISES
15ᵉ Arrondissement.			
Rue Lecourbe, entre les rues de la Convention et de l'Abbé-Groult.	Relevé à bout.	Chaussée (barrage partiel).	30ᵐ × 5ᵐ,40 … 162ᵐ².
Rue de Vaugirard, entre les rues de la Procession et de l'Abbé-Groult.	Remise en état de la viabilité.	Trottoir. Chaussée (barrage complet).	30ᵐ × 4ᵐ,40 = 42ᵐ². 20ᵐ × 6ᵐ,60 = 132ᵐ².
Avenue Émile-Zola.	Pose de bordures. Pavage en bois. Établissement de plantations d'alignement (tranchées pour apport de terre végétale).	Trottoir. Chaussée. Trottoirs.	60ᵐ. 100ᵐ² environ. Longeur des tranchées : 700ᵐ². (L'avenue Émile-Zola n'est pas ouverte à la circulation publique.)
16ᵉ Arrondissement.			
Rue Chardon-Lagache, entre les rues Wilhem et Molitor.	Remaniement du pavage en bois.	Chaussée (barrage partiel).	Demi-chaussée, impair. 100ᵐ × 5ᵐ,45 = 545ᵐ².
Boulevard Montmorency, nᵒˢ 89 au 97.	Réfection de bitume. Entretien.	Trottoir impair (barrage partiel et pendant la journée seulement).	50ᵐ × 3ᵐ = 150ᵐ².
Avenue de Versailles, entre le nᵒ 170 et le boulevard Exelmans.	Établissement de zône bitumée sur la contre-allée.	Contre-allée, côté pair (barrage partiel).	30ᵐ × 3ᵐ = 90ᵐ².
Rue de la Pompe, entre les rues Faustin-Hélie et Nicolo.	Substitution provisoire du pavage en bois à l'asphalte.	Chaussée (barrage complet).	1.500ᵐ².
Rue Franklin, entre le carrefour Delessert et la rue Le Tasse.	Relevé à bout du pavage en pierre.	Chaussée (barrage complet).	1.900ᵐ².
Place Victor-Hugo.	Convertissement de l'empierrement en pavage en bois.	Chaussée (barrage partiel).	580ᵐ².

NOMS DES RUES	NATURE DES TRAVAUX	NATURE DE L'EMPRISE Chaussée ou trottoirs BARRAGE COMPLET OU PARTIEL	LONGUEURS ou SURFACES approximatives DES EMPRISES
Rue Galilée, entre la Place des États-Unis et l'avenue d'Iéna.	Remaniement général du pavage en pierre de la chaussée.	Chaussée (barrage complet).	100^m × 7^m,20 = 720^{m2}.
Quai Debilly.	Repiquages de pavage en bois.	Chaussée (barrage partiel au moment de l'exécution des réparations par les ouvriers).	40^{m2}.
Rue de Vaugirard, entre les rues Cambronne et de la Procession.	Pose de conduites de gaz TB de 0,500.	Trottoir et demi-traversée de la chaussée au débouché de la rue Cambronne (barrage partiel).	2^m,50 × 2^m × 4^m × 2^m : 13^{m2}.

Emprises de la Société du chemin de fer électrique « Nord-Sud ».

NOMS DES RUES	NATURE DES TRAVAUX	NATURE DE L'EMPRISE	LONGUEURS ou SURFACES
Rue de Vaugirard, en face de la place de Vaugirard.	Accès des stations du « Nord-Sud ».	Chaussée (barrage partiel). Trottoirs.	5^m × 3^m = 15^{m2}. 10^m × 18^m = 180^{m2}.
Rue de Vaugirard, angle rue de la Convention.	Id.	Id.	20^m × 20^m = 400^{m2}.
Boulevard Lefebvre, angle rue de Vaugirard.	Id.	Id.	10^m × 10 . 100^{m2}.
Rue de Vaugirard, entre les rues Alain-Chartier et Ferdinand-Fabre.	Puits de service du « Nord-Sud ».	Id. Chaussée.	3^m × 5^m = 15^{m2}. 2^m × 5^m . 10^{m2}.
Rue de Vaugirard, carrefour Cherche-Midi-Falguière.	Station Falguière.	Chaussée (barrage partiel).	25^m × 14^m = 350^{m2}.
Rue de Vaugirard, angle rue Falguière.	Station des Volontaires.	Trottoirs.	8^m × 3^m = 24^{m2}.
Rue des Volontaires, angle rue de Vaugirard.	Id. Id.	Id. Chaussée (barrage complet).	18^m × 2^m,40 = 43^{m2},20. 18^m × 7^m,20 = 129^{m2}60.
Boulevard Pasteur, traversée rue de Vaugirard.	Station Pasteur (accès).	Contre-allée (barrage complet). Trottoirs. Chaussées.	20^m × 15^m = 300^{m2}. 8^m × 3^m = 24^{m2}. 12^m × 2^m = 24^{m2}. 10^m × 4^m = 40^{m2}. 8^m × 3^m . 24^{m2}.

NOMS DES RUES	NATURE DES TRAVAUX	NATURE DE L'EMPRISE Chaussée ou trottoirs BARRAGE COMPLET OU PARTIEL	LONGUEURS ou SURFACES approximatives DES EMPRISES
Avenue de Wagram.	Construction d'une sortie supplémentaire à la station « Étoile » du Métropolitain.	Barrage partiel de la contre-allée.	90m2.
Boulevard Gouvion-Saint-Cyr, bastion n° 50.	Atelier de cassage de vieux pavés.	Barrage partiel du trottoir.	200m2.
Avenue Niel.	Repiquage de pavage en bois.	Barrage partiel.	20m2.
Place Pereire.	Remaniement de pavage en bois.	Chaussée (barrage partiel entre la rue de Courcelles et l'avenue Niel).	600m2.
Rue de Rome.	Doublement des voies (Ouest-État).	Chaussée et trottoir (barrage partiel).	7.750m2.
Boulevard Pereire, face n° 1.	Id.	Trottoir.	150m2.
Boulevard Pereire, face n° 19.	Id.	Id.	240m2.
Rue Cardinet, près pont.	Id.	Id.	144m2.
Avenue de Clichy, entre le n° 6 et le n° 16.	Relèvement des voies affaissées par suite des travaux du Nord-Sud.	Chaussée (barrage partiel).	650m2.
Avenue de Saint-Ouen, entre les rues de la Jonquière et Collette.	Réfection de tranchée et relevé à neuf de bitume.	Trottoir (barrage partiel).	Longueur : 50m2.
Avenue de Saint-Ouen, n° 11.	Réinstallation d'urinoir, construction d'un branchement d'égout.	Trottoir (barrage partiel).	6m2.
Boulevard Rochechouart.	Repiquage de pavage en bois.	Chaussée (barrage partiel).	20m2.
Rue Chappe.	Relevé à neuf de trottoir en bitume.	Trottoir (barrage partiel).	160m2.
Rue de Clignancourt.	Id.	Id.	200m2.
Rue de la Nation.	Travaux d'étanchéité au-dessus des galeries Dufayel.	Trottoir-chaussée (barrage complet).	400m2.
Rue Becquerel.	Construction d'un mur de soutènement.	Id.	1.200m2.

NOMS DES RUES	NATURE DES TRAVAUX	NATURE DE L'EMPRISE Chaussée ou trottoirs BARRAGE COMPLET OU PARTIEL	LONGUEURS ou SURFACES approximatives DES EMPRISES
Rue de la Chapelle, près la porte. Pont sur le chemin de fer de Ceinture.	Reconstruction du pont sur le chemin de fer.	Chaussée.	183m,75.
Boulevard de la Chapelle.	Relevé à bout de pavage en pierre.	Chaussée.	100m2.
Rue de la Joncquière.	Remplacement de conduite de gaz par suite d'attaques d'électrolyses.	9 fouilles de 6m2 sur chaussée (barrage partiel).	54m2.
Avenue de Saint-Ouen, carrefour Championnet.	Id.	Barrage partiel 2/3 chaussée.	36m2.
Rue Jouffroy du n° 2 à la rue Cardinet.	Pose de TB 0,162.	Trottoir barré de moitié.	12m2.
Avenue de Wagram.	Déviation, conduites gaz par suite d'accès du Métro « Étoile ».	Barrage partiel trottoir et chaussée.	25m2.
Place Pereire.	Déviation de canalisation électrique pour l'accès du Métropolitain.	Barrage partiel chaussée et trottoir.	24m2.
Porte de Saint-Ouen.	Suppression de conduites. Établissement de communicateurs pour l'accès Nord-Sud.	Barrage partiel trottoir et chaussée.	Diverses fouilles faites alternativement de chacune environ 20m2.
Rue Belliard, angle Poteau.	Déplacement candélabre.	Trottoir barré 5 heures par moitié.	1m2.
Rue des Islettes.	Id.	Id.	1m2.
Rue Legendre, n°s 67 à 117.	Pose de canalisation électrique.	Sur trottoir (barrage partiel).	174m2,38.
Rue d'Armaillé, n°s 18 à 30.	Id.	Id.	12m,50.
Rue des Apennins, n°s 2 à 44.	Id.	Id.	112m.
Boulevard Rochechouart, n° 39 et du square au n° 72.	Id.	Id.	44m250.
Rue Marcadet, n°s 16-18.	Id.	Id.	8m2,50.

NOMS DES RUES	NATURE DES TRAVAUX	NATURE DE L'EMPRISE Chaussée ou trottoirs BARRAGE COMPLET OU PARTIEL	LONGUEURS ou SURFACES approximatives DES EMPRISES
Boulevard Barbès, n° 13.	Réparation de fuite sur conduite.	Sur trottoir (barrage partiel).	3^{m2}.
Boulevard des Batignolles, n°s 56, 46, 42, 34, 28, 22, 14.	Galerie souterraine pour la C. P. D. E.	Chaussée (barrage partiel).	168^{m2}.
Place Clichy, face n° 5.	Id.	Id.	24^{m2}.
Rue Doudeauville.	Construction d'une galerie électrique.	Barrages partiels sous chaussées pour puits.	10 puits 320^{m2}.
Rue Custine.	Id.	Id.	1 puits 32^{m2}.

CHANTIERS DU NORD-SUD

NOMS DES RUES	NATURE DES TRAVAUX	NATURE DE L'EMPRISE	LONGUEURS ou SURFACES
Avenue de Clichy, n° 2.	Chantiers.	Chaussée (barrage partiel).	Puits : $6^m \times 4^m = 24^{m2}$. Matériaux : $20^m \times 3 = 60^{m2}$.
Avenue de Clichy, n° 35.	Id.	Id.	Puits : $8^m \times 4^m = 32^{m2}$. Matériaux : $10^m \times 3^m = 30^{m2}$.
Place Clichy.	Id.	Id.	Chantier : $12^m \times 11^m = 132^{m2}$.
Avenue de Clichy, angle avenue de Saint-Ouen (La Fourche).	Construction du souterrain.	Trottoir et chaussée (barrage partiel).	270^{m2}.
Avenue de Saint-Ouen, n° 37.	Id.	Chaussée (barrage partiel).	25^{m2}.
Avenue de Saint-Ouen, carrefour Balagny.	Id.	Id.	10^{m2}.
Avenue de Saint-Ouen, angle Lamarck.	Id.	Id.	100^{m2}.
Avenue de Saint-Ouen, angle boulevard Bessières.	Construction des accès, station Porte-Saint-Ouen.	Chaussée et trottoir (barrage partiel).	400^{m2}.
Boulevard Bessières (Porte Pouchet).	Dépôts et ateliers des entrepreneurs du Nord-Sud.	Id.	1.800^{m2}.

NOMS DES RUES	NATURE DES TRAVAUX	NATURE DE L'EMPRISE Chaussée ou trottoirs BARRAGE COMPLET OU PARTIEL	LONGUEURS ou SURFACES approximatives DES EMPRISES
Rue Duhesme.	Chantiers.	Chaussée et trottoir (barrage partiel).	800^{m2}.
Rue Ordener, angle rue du Poteau.	Id.	Chaussée (barrage partiel).	150^{m2}.
Place Jules-Joffrin.	Id.	Id.	800^{m2}.
Place Pigalle.	Chemin de fer du Nord-Sud.	Chaussée et trottoirs (barrage partiel).	Chantier 140^{m2}.
Place Pigalle.	Id.	Id.	Id. 330^{m2}.
Place Constantin-Pecqueur.	Id.	Chaussée (barrage partiel).	Id. 340^{m2}.
Place-Constantin-Pecqueur.	Id.	Trottoir (barage partiel).	Id. 210^{m2}.
Rue Marcadet, n° 141.	Id.	Chaussée et trottoir (barrage partiel).	Puits 30^{m2}.
Rue Marcadet, angle rue du Ruisseau.	Id.	Chaussée (barrage partiel).	2^m × 1^m,80 = 3^{m2},60.
Rue de la Fontaine-du-But, n° 16,	Id.	Trottoir et chaussée (barrage partiel).	3^m × 3^m = 9^{m2}.
Rue de la Fontaine-du-But, n° 14.	Id.	Id.	3^m × 3^m = 9^{m2}.
Bue de la Fontaine-du-But, n° 12.	Id.	Id.	3^m × 3^m = 9^{m2}.
Rue de la Fontaine-du-But, n° 6.	Id.	Chaussée (barrage partiel).	6^m × 3^m = 18^{m2}.
Rue Championnet, n° 236.	Id.	Trottoir (barrage partiel).	Baraque 2^m × 2^m = 4^{m2}.
Rue Darwin, n° 13.	Id.	Chaussée (barrage partiel).	Chantier 4^m × 4^m = 16^{m2}.
Rue Darwin, du n° 7 au n° 11.	Id.	Id.	20^m × 7^m = 140^{m2}.
Rue Darwin, n° 6.	Id.	Id.	4^m × 3^m = 12^{m2}.

NOMS DES RUES	NATURE DES TRAVAUX	NATURE DE L'EMPRISE Chaussée ou trottoirs BARRAGE COMPLET OU PARTIEL	LONGUEURS ou SURFACES approximatives DES EMPRISES
Rue de Flandre, n° 119.	Réfection de tassement de pavage par suite des travaux du Métropolitain.	Barrage partiel de la chaussée.	40^{m2}.
Avenue du Pont-de-Flandre, n°s 22-24.	Bitumage des trottoirs.	Barrage partiel du trottoir.	210^{m2}.
Rue des Ardennes, entre le n° 24 et la rue de Thionville.	Remaniement de pavage en pierre.	Pavage en pierre. Barrage complet.	1.400^{m2}.
Rue de Flandre, n°s 140 à 178.	Réfection de tranchées C. P. D. E.	Barrage partiel, bitume.	300^{m2}.
Rue d'Aubervilliers, pont de Ceinture.	Réparation de la partie métallique et pose de conduite de gaz.	Id.	60^{m2}.
Rue Bolivar, n°s 112-124.	Remaniement de pavage en bois.	Barrage complet de la chaussée.	600^{m2}.
Rue Fessart (de la Villette à Pradier).	Relevé à bout de pavage ou pierre.	Id.	100^{m2}.
Rue de Mouzaïa, n°s 16 à 50.	Id.	Id.	300^{m2}.
Rue du Général-Brunet, n°s 39 à 41.	Réfection provisoire (Métropolitain).	Barrage partiel de la chaussée.	200^{m2}.
Avenue de Laumière (pair).	Réfection de bitume sur tranchées d'électricité.	Barrage partiel sur trottoir.	40^{m2}.
Rue Manin.	Relèvement de joints de rail par la Cie de l'Est-Parisien, Tramway « Raincy-Opéra ».	Barrage partiel de la chaussée.	10^{m2}.
Rue Manin.	Repiquage par les cantonniers-paveurs.	Id.	18^{m2}.
Rue de Tourtille.	Relevé à bout de pavage en pierre.	Id.	85^{m2}.
Boulevard Mortier.	Id.	Barrage complet de chaussée.	180^{m2}.
Rue des Partants.	Grand remaniement de pavage en pierre.	Id.	180^{m2}.
Rue Armand-Carrel.	Construction de galeries électriques.	Barrage partiel de chaussée et trottoir.	32^{m2}.

NOMS DES RUES	NATURE DES TRAVAUX	NATURE DE L'EMPRISE Chaussée ou trottoirs BARRAGE COMPLET OU PARTIEL	LONGUEURS ou SURFACES approximatives DES EMPRISES
Rue de Ménilmontant, (angle rue H.-Chevreau.	Construction de galerie électrique.	Barrage partiel sur trottoir.	9m2.
Rue de Ménilmontant, n° 81.	Id.	Barrage partiel de chaussée et trottoir.	32m2.
Rue de Ménilmontant, nos 83 à 85.	Id.	Id.	32m2.
Rue de Ménilmontant, n° 89.	Id.	Id.	32m2.
Rue de Ménilmontant, n° 99.	Id.	Id.	32m2.
Rue de Ménilmontant, nos 103-105.	Id.	Id.	32m2.
Rue de Ménilmontant, n° 107.	Id.	Id.	36m2,80.
Rue de Ménilmontant, nos 111-113.	Id.	Id.	28m2.
Rue de Ménilmontant, n° 115.	Id.	Id.	21m2.
Rue de Ménilmontant, n° 117.	Id.	Id.	48m2.
Rue de Ménilmontant, n° 119.	Id.	Id.	135m2.
Rue de Ménilmontant, n° 119.	Id.	Id.	20m2.
Boulevard de la Villette, 1 au 83.	Établissement de canalisation électrique.	Barrage partiel sur trottoir.	125m2.
Boulevard de Charonne, n° 33.	Remplacement de conduites de gaz après recherches de fuite.	Id.	3m2.
Boulevard de Belleville, n° 27.	Id.	Id.	3m2.
Boulevard de Belleville, n° 79.	Id.	Barrage partiel de chaussée et trottoir.	10m2.
Rue Mouraud, n° 31.	Installation de branchement de gaz.	Barrage partiel sur trottoir.	1m2,70.
Boulevard de Charonne, n° 99.	Suppression de branchement de gaz.	Id.	2m2.
Place Guignier, n° 8.	Raccordement de branchement de gaz.	Id.	1m2,50.

2° SERVICE TECHNIQUE DES EAUX ET DE L'ASSAINISSEMENT

SERVICE DES ÉGOUTS

ARRONDISSEMENTS	NOMS DES RUES	NATURE DES TRAVAUX	NATURE DE L'EMPRISE Chaussée ou trottoirs BARRAGE COMPLET OU PARTIEL	LONGUEURS ou SURFACES approximatives DES EMPRISES	OBSERVATIONS Indiquer si l'emprise a cessé
1er	Rue Saint-Florentin.	Reconstruction d'égout au compte de la Société Nord-Sud.	Puits sur chaussée. Emprise face le Ministère de la Marine.	32^{m2}.	Terminé le 30 août. Puits actuellement supprimé.
1er	Rue Saint-Florentin.	Id.	Puits sur chaussée. Barrage partiel, angle rue de Rivoli.	48^{m2}.	Terminé le 30 août.
2e	Rue Richepance.	Id.	Puits sur chaussée. Barrage partiel, face le n° 5.	32^{m2}.	Terminé le 30 août. Puits actuellement supprimé.
5e	Rue de Buffon.	Construction d'un déversoir d'orage.	Barrages partiels nécessités par 5 puits de service. Emprise de tout le trottoir et d'une partie de la chaussée.	$5 \times 12 \times 5{,}50 = 330^{m2}$.	
5e	Place Valhubert.	Id.	Barrage partiel de la chaussée.	$19 \times 8 = 152^{m2}$.	Dépôt de bois et de matériel de l'entrepreneur.
13e	Rue Daviel, entre n°s 11 et 13.	Suppression de la Bièvre.	Barrage du trottoir. Un puits de service et matériaux.	$6 \times 3 = 18^{m2}$.	
13e	Rue de Tolbiac, face rue Ulysse-Trélat.	Dégorgement et reconstruction de bouche.	Sur trottoir et chaussée. Barrage du trottoir.	$4 \times 5 = 20^{m2}$.	
14e	Rue Mouton-Duvernet, n° 1, angle avenue d'Orléans.	Construct. d'une bouche d'égout.	Barrage partiel.	$6 \times 3 = 18^{m2}$.	Travail terminé.
6e	Rue de Rennes, angle rue Notre-Dame-des-Champs.	Déviations d'égouts. Ligne n° 4, accès station « Vaugirard. »	Chaussée et $0^m,50$ du trottoir. Sans barrage.	$4 \times 5 = 20^{m2}$	Chantier supprimé fin août 1909.

ARRONDISSEMENTS	NOMS DES RUES	NATURE DES TRAVAUX	NATURE DE L'EMPRISE Chaussées ou trottoirs BARRAGE COMPLET OU PARTIEL	LONGUEURS ou SURFACES approximatives DES EMPRISES	OBSERVATIONS Indiquer si l'emprise a cessé
7e	**Boulevard Saint-Germain**, impair, de rue Solférino, à rue de Bellechasse.	Déviations d'égouts au compte de la Société Nord-Sud, stat. Bellechasse.	Chaussée boulevard Saint-Germain et trottoir impair. Sans barrage.	$10 \times 3 = 30^{m2}$. $25 \times 2 = 50^{m2}$.	Chantier terminé le 15 août 1909.
7e	**Rue de l'Université**, angle rue de Bourgogne.	Usine de relèvement des eaux du collecteur Université. Ligne n° 8.	Trottoir terre-plein. Sans barrage.	$15 \times 7 = 105^{m2}$.	Enlevé le 10 septembre 1909.
8e	**Cours-la-Reine**, près place de la Concorde.	Mise à sec et consolidation de l'égout. Ligne n° 8.	Terre-plein du jardin des Champs-Élysées. Puits 1. Puits 2.	2^{m2}. 2^{m2}.	
8e	**Rue de Moscou**, n°s 50-52.	Réparation de branchement de regard. Entretien.	Sur chaussée. Approvisionnement de matériaux. Barrage partiel.	$2 \times 5 = 10^{m2}$.	Les travaux sont exécutés par les trappes de regard.
9e	**Rue Notre-Dame-de-Lorette**.	Déviations et construct. d'égouts au compte de la Société Nord-Sud.	Sur chaussée côté impair. Barrage partiel.	4 puits de 4×6 $= 96^{m2}$.	5 puits remblayés : le 13 août, faço n°s 21-23 le 10 — — 13-15 le 8 sept. — 9 le 11 — — 1-3 le 8 — , rue St-Lazare angle rue N.-D. de Lorette.
10e	**Rue du Faubourg Saint-Martin**.	Réparations de l'égout. Ligne n° 7.	Sur trottoir : Approvisionnem^t des matériaux, face le n° 177. Baraque Collet, face le n° 223. Barrage partiel.	$3,5 \times 2,5$ $= 8^{m2},75$. $2 \times 2 = 4^{m2}$.	Les travaux sont exécutés par les trappes de regard.
15e	**Rond-Point Mirabeau**, rive gauche.	Déviations d'égouts. Ligne n° 8.	Chaussée. Sans barrage.	4 fois 4×3 $= 48^{m2}$.	Terminé le 10 septembre 1909.
16e	**Rue d'Auteuil**, pair. De rue Donizetti à rue des Perchamps.	Déviations d'égouts. Métropolitain, ligne n° 8.	Puits n° 1. Id. n° 2. Id. n° 3. Id. n° 4. Id. n° 5.	6^{m2}. 12^{m2}. 6^{m2}. 8^{m2}. 20^{m2}.	Dépôt de matériaux et baraque de l'entrepreneur.
17e	**Avenue de Saint-Ouen**, angle rue de Balagny.	Déviations d'égouts, accès Marcadet, au compte de la Société Nord-Sud.	Sur trottoir. Barrage partiel. Dépôt des sables sur chaussée.	$3 \times 2,50 = 7^{m2},50$. $4 \times 3 = 12^{m2}$.	Les travaux sont exécutés par un puits, les déblais transportés sur chaussée et enlevés journellement.
17e	**Avenue de Saint-Ouen**, n° 68.	Id.	Id. Id.	$3 \times 2,50 = 7^{m2},50$. $4 \times 3 = 12^{m2}$.	Id.
17e	**Avenue de Saint-Ouen**, n° 147.	Déviations d'égouts, accès station Porte de Saint-Ouen, au compte de la Société Nord-Sud.	Id. Id.	$3 \times 2 = 6^{m2}$. $4 \times 4 = 16^{m2}$.	Id.
18e	**Avenue de Saint-Ouen**, n° 154.	Id.	Id. Id.	$3 \times 2 = 6^{m2}$. $4 \times 4 = 16^{m2}$.	Id.

ARRONDISSEMENTS	NOMS DES RUES	NATURE DES TRAVAUX	NATURE DE L'EMPRISE Chaussées ou trottoirs BARRAGE COMPLET OU PARTIEL	LONGUEURS ou SURFACES approximatives DES EMPRISES	OBSERVATIONS Indiquer si l'emprise a cessé
17e	Avenue de Saint-Ouen, n° 133.	Réparations d'égouts (galerie transversale), au compte de la Société Nord-Sud.	Sur trottoir. Barrage partiel. Dépôt des sables sur chaussée.	$3 \times 2 = 6^{m2}$. $4 \times 4 = 16^{m2}$.	Les travaux sont exécutés par un puits, les déblais transportés sur chaussée et enlevés journellement.
18e	Boulevard Ney, angle avenue de Saint-Ouen (pair).	Déviations d'égouts, accès station « Porte de Saint-Ouen » au compte de la Société Nord-Sud.	Id. Id.	$4 \times 4 = 16^{m2}$. $4 \times 4^{m2} = 16^{m2}$.	Id.
18e	Avenue de Saint-Ouen, n° 138.	Réparations d'égouts (galerie transversale) au compte de la Société Nord-Sud.	Id. Id.	$3 \times 2 = 6^{m2}$. $4 \times 4 = 16^{m2}$.	Id.
18e	Rue de la Chapelle, n° 42.	Suppression et reconstruction d'un branchement particulier, nécessitées par la pose d'une conduite de gaz.	Sur trottoir. Barrage partiel. Dépôt des déblais sur chaussée.	$4 \times 2 = 8^{m2}$. $4 \times 2 \quad 8^{m2}$.	Sera terminé cette semaine.
18e	Rue de la Chapelle, n° 46.	Id.	Barrage partiel sur chaussée (puits). Et sur trottoir dépôts des matériaux.	$4 \times 2 = 8^{m2}$. $4 \times 2 = 8^{m2}$.	Id.
18e	Boulevard Barbès, n° 49.	Réparation de l'égout, entretien.	Barrage partiel sur trottoir, dépôt des matériaux.	$6 \times 2 \quad 12^{m2}$.	Sera terminée dans 3 semaines.
19e	Rue de Crimée, (impair), angle rue de Flandre (pair).	Approfondis¹. du collecteur du Nord, ligne n° 7 bis.	Un puits et des matériaux sur la chaussée.	$8 \times 3 = 24^{m2}$.	
19e	Rue de l'Ourcq, n° 69.	3e lot de déviations d'égouts, n° 7 bis.	Un puits sur chaussée.	$3 \times 3 = 9^{m2}$.	
19e	Rue de l'Ourcq, n° 36.	Id.	Id.	$3 \times 3 = 9^{m2}$.	
19e	Rue de l'Ourcq, n° 32.	Id.	Id.	$3 \times 3 = 9^{m2}$.	
19e	Rue de l'Ourcq, n° 28.	Id.	Id.	$3 \times 3 = 9^{m2}$.	
19e	Rue de l'Aisne.	Id.	Un puits sur chaussée avec déblais et baraque du Service départemental.	$9 \times 3 = 27^{m2}$.	
19e	Quai de l'Oise, n° 15.	Id.	Id.	$8 \times 3 = 24^{m2}$.	
19e	Quai de l'Oise, n° 17.	Id.	Id.	$8 \times 3 = 24^{m2}$.	
19e	Quai de l'Oise, n° 21.	Id.	Id.	$8 \times 3 \quad 24^{m2}$.	
19e	Quai de la Gironde, n° 1.	4e lot de déviations d'égouts, ligne n° 7 bis.	Un puits sur chaussée avec déblais.	$4 \times 3 = 12^{m2}$.	

DISTRIBUTION DES EAUX

ARRONDISSEMENTS	NOMS DES RUES	NATURE DES TRAVAUX	NATURE DE L'EMPRISE Chaussées ou trottoirs BARRAGE COMPLET OU PARTIEL	LONGUEURS ou SURFACES approximatives DES EMPRISES	OBSERVATIONS Indiquer si l'emprise a cessé
2e	Place de l'Opéra.	Accès « Opéra ». Ligne n° 7. Dépose de conduites d'eau de 1^m, 0^m,20 et 0^m,10. Trou de service et dépôt de pièces de fonte.	Chaussée, barrage partiel.	5^m × 4^m = 20^{m2}.	Les travaux du service des Eaux ont été terminés le 13 août 1909.
6e	Boulevard Saint-Germain, entre les rues du Four et Bonaparte.	Pose de conduites d'eau.	Terre-plein face boulevard Saint-Germain, n° 143, barrage partiel.	4^m × 4^m = 16^{m2}.	»
6e	Rue de Rennes (impair), angle de la rue Notre-Dame-des-Champs	Id.	Chaussée, barrage partiel.	8^m × 8^m = 64^{m2}.	»
8e	Rue Royale, n° 1.	Construction d'une galerie de conduites d'eau au-dessus du Métropolitain (ligne 8).	Parties de chaussée et de trottoir, barrage partiel.	11^m × 4^m = 44^{m2}.	Travail terminé. Chaussée et trottoir remis en état.
8e	Avenue de Wagram, angle de la rue du Faubourg-Saint-Honoré	Déviation de conduite de 0^m,800 (en terre). Pose sous galerie d'une conduite de 1^m,10.	Trottoir.	19^{m2}.	Travail en cours.
8e	Rue Saint-Lazare, face la rue du Havre.	Dépôt de conduite d'eau de 0^m,600 (Seine).	Chaussée.	6^m × 4^m = 24^{m2}.	Le travail du service des Eaux sera terminé aujourd'hui 13 septembre.
8e	Cours la Reine, angle de l'avenue Dutuit.	Pose de conduite d'eau de 0^m, 500 en terre.	Allée cavalière.	2 fois 10^m × 3^m = 60^{m2}.	Travail en cours.
9e	Rue d'Amsterdam, angle de là rue de Moscou.	Galerie et caniveau pour conduites d'eau au compte de la Société Nord-Sud.	Trottoir et chaussée, barrage partiel.	25^m × 3^m = 75^{m2}.	Travail terminé.
14e	Rue de la Santé, angle du boulevard Saint-Jacques.	Construction d'une chambre pour robinet-vanne.	Chaussée, barrage partiel.	4^m × 4^m = 16^m.	Terminé le 18 août 1909.

ARRONDISSEMENTS	NOMS DES RUES	NATURE DES TRAVAUX	NATURE DE L'EMPRISE Chaussées ou trottoirs BARRAGE COMPLET OU PARTIEL.	LONGUEURS ou SURFACES approximatives DES EMPRISES	OBSERVATIONS Indiquer si l'emprise a cessé
15e	**Avenue du Maine** (pair) angle de la rue de Vaugirard.	Reconstruction d'un tronçon de galerie dans la traversée du Nord-Sud.	Partie de chaussée et partie de trottoir (impair), rue de Vaugirard, barrage partiel.	$7^m \times 2^m,20 = 15^{m2},40$.	Travail terminé le 5 août.
18e	**Boulevard de la Chapelle**, traversée du chemin de fer du Nord.	Construction de caniveau dans la partie métallique du pont. Pose de deux conduites d'eau (Marne, $0^m,60$; Avre, $0^m,50$.	Contre-allée.	$100^m \times 3^m = 300^{m2}$.	Les travaux de service des Eaux sont terminés.
18e	**Boulevard de la Chapelle**, face au square de La Chapelle.	Construction d'une galerie pour conduite d'eau.	Chaussée, barrage partiel.	$120^m \times 6^m = 720^{m2}$.	Travail en cours sous trottoir.
18e	**Boulevard de La Chapelle**, face n° 38.	Trou de service pour dépose de conduites d'eau dans le collecteur.	Chaussée.	$5^m \times 1^m = 5^{m2}$.	Terminé. Un autre trou de service est ouvert, face rue Fleury.
19e	**Rue de Flandre**, traversée de la rue de Crimée.	Construction d'un caniveau pour conduite d'eau.	Chaussée, barrage partiel.	$10^m \times 4^m = 40^{m2}$.	Travail en cours.
19e	**Rue de Flandre**, face n° 55.	Trou de service pour descente de tuyaux de $0^m,40$ et $0^m,20$.	Trottoir.	$10^m \times 2^m = 20^{m2}$.	Trou de service remblayé le 11 septembre.
19e	**Boulevard Sérurier**, entre la rue du Général-Brunet et la porte Chaumont.	Pose en terre d'une conduite de $1^m,25$ (Marne).	Chaussée, barrage partiel.	$200^m \times 3^m = 600^{m2}$.	Travail terminé.
20e	**Rue Haxo**, angle de l'avenue Gambetta.	Construction d'une galerie d'eau.	Chaussée, barrage partiel.	24^{m2}.	Puits de service.
20e	**Rue Darcy**, réservoirs de Ménilmontant.	Construction d'une galerie d'eau et chambre en maçonnerie pour robinets-vannes et pose de conduite de 1^m.	Chaussée et trottoir, barrage complet à l'emplacement du puits de service.	300^{m2}.	Puits de service et approvisionnement de matériaux. Les matériaux rangés contre le mur de clôture du réservoir ne gênent pas la circulation.
17e	**Avenue des Ternes**, face n° 13.	Pose sous galerie d'une conduite de 1^m10 (Avre).	Trottoir, trou de service pour descente de tuyaux.	9^{m2}.	Le trou de service sera remblayé le 15 courant.

SERVICE DES MACHINES ET RÉSERVOIRS

NOMS DES RUES	NATURE DES TRAVAUX	NATURE DE L'EMPRISE Chaussée ou trottoirs BARRAGE COMPLET OU PARTIEL	LONGUEURS ou SURFACES approximatives DES EMPRISES
Boulevard Masséna, près la Porte de Choisy vers celle d'Ivry. Contre-allée et traversée de la chaussée.	Pose conduite refoulement $0^m,900$ eau filtrée d'Ivry-Montsouris.	Barrage partiel. Tranchée $1^m,30$ largeur.	35 mètres linéaires.
Boulevard Masséna, entre la Porte de Choisy et la Porte d'Italie.	Id.	Tranchée de $1^m,30$ largeur ouverte sur chaussée ayant nécessité un barrage partiel.	380 —
Porte d'Italie, extrémité du boulevard Masséna.	Id. Chambre de raccordement avec le 1.10 Villejuif.	Trottoir et chaussée, barrage partiel.	. 65 mètres superficiels.
Avenue d'Italie (côté n^{os} impairs).	Pose conduite.	Trottoir numéros impairs, barrage partiel.	36 mètres linéaires.
Boulevard Kellermann.	Id.	Sous contre-allée, barrage partiel.	323 —
Boulevard Soult, entre le Chemin de fer de Vincennes et la rue Rottembourg.	Mise en galeries de conduites d'eau en vue du remblai du boulevard pour suppression du passage à niveau du chemin de fer.	Barrage partiel de chaussée et de trottoir. Sans interruption de la circulation.	Chantier de construction de galeries : $120 \times 15^m = 1800^{m2}$. Remblai de la plate-forme du boulevard avec les terres en excès : $140^m \times 20^m = 2.800^{m2}$.
Quai d'Austerlitz et débouché du Pont de Bercy.	Construction de l'usine et pose des conduites de refoulement.	Chaussée. Barrage partiel.	Longueur : 25^m. Surface : 150^{m2}.
Boulevard de la Gare : Face rue Sauvage, entre les rues de la Salpétrière et du Chevaret, entre les rues Jeanne-d'Arc et Nationale.	Pose de la conduite de refoulement de l'usine d'Austerlitz à la Porte d'Italie.	Chaussées. Barrages partiels.	Longueur : 6^m. Surface : 18^{m2}. Long. 70^m; Surf. 210^{m2}. Long. 100^m; Surf. 300^{m2}.
Boulevard de Bercy au débouché du Pont.	Pose de la conduite de refoulement de l'usine d'Austerlitz au Réservoir de Ménilmontant.	Trottoir. Barrage partiel.	Longueur : 25^m. Surface : 80^{m2}.

13

NOMS DES RUES	NATURE DES TRAVAUX	NATURE DE L'EMPRISE Chaussée ou trottoirs BARRAGE COMPLET OU PARTIEL	LONGUEURS ou SURFACES approximatives DES EMPRISES
Rue de Rivoli, n° 258.	*Déviation d'égout au compte du Nord-Sud.*	Barrage partiel. { Chaussée. / Trottoir.	$12^m,50 \times 4^m,40.$ $12^m,50 \times 2^m.$
Quai des Orfèvres.	*Puits pour construction d'un bassin de désablement.*	Barrage partiel. { Chaussée. / Trottoir.	$21^m,80 \times 6^m,90.$ $7^m \times 2^m.$ $22^m,80 \times 2^m,70.$
Rue Baltard.	Construction de quatre branchements particuliers d'égout demandés par le Service d'architecture des Halles centrales.	Ouverture du trottoir pour quatre puits de service (barrage partiel à l'emplacement des quatre puits).	2^{m2} par branchement.

NOMS DES RUES	NATURE DES TRAVAUX	NATURE DE L'EMPRISE Chaussée ou trottoirs BARRAGE COMPLET OU PARTIEL	LONGUEURS ou SURFACES approximatives DES EMPRISES
	5° Arrondissement.		
	Néant.		
	6° Arrondissement.		
Place de Rennes, refuge circu-laire.	Suppression de deux bouches d'arrosage.	Barrage partiel du trottoir.	13^{m2}.
Boulevard Raspail, n° 79.	Canalisation provisoire particulière.	Barrage partiel du trottoir et de la chaussée.	31^{ml}.
	7° Arrondissement.		
Boulevard Saint-Germain, angle de la rue du Bac.	Construction d'égout.	Chaussée et trottoir, barrage partiel.	20^{m2}.
Boulevard Raspail (impair), entre le boulevard Saint-Germain et la rue de Grenelle.	Démolition et reconstruction d'égout.	Chaussée et trottoir, barrage partiel.	1000^{m2}.
Boulevard Raspail, face rue de Luynes (traversée).	Construction d'égout.	Chaussée barrée partiellement.	10 ^{m2}.
Boulevard Raspail, (côté impair), entre les rues de Grenelle et de Varenne.	Dépôt de matériaux (bois divers et pavés de pierre).	Chaussée et trottoir, barrage partiel.	120^{m2}.
Boulevard Raspail, n° 2.	Démolition et reconstruction d'égout.	Chaussée et trottoir, barrage partiel.	100^{m2}.
Boulevard Raspail (côté pair), entre les rues de Grenelle et de Varenne.	Guérite de chantier.	Chaussée et trottoir, barrage partiel.	20^{m2}.

NOMS DES RUES	NATURE DES TRAVAUX	NATURE DE L'EMPRISE Chaussée ou trottoirs BARRAGE COMPLET OU PARTIEL.	LONGUEURS ou SURFACES approximatives DES EMPRISES
Avenue de Suffren, entre l'avenue du Général-Détrie et l'avenue de la Motte-Picquet.	Construction d'une chambre de robinet-vannes.	Barrage partiel de la chaussée.	6^{m2}.
Avenue Élisée-Reclus, n° 12.	Construction d'un branchement particulier d'égout.	Barrage partiel du trottoir.	3^{m2}.
Avenue de Suffren, n° 67.	Id.	Id.	9^{m2}.
Avenue de Suffren, n° 63.	Id.	Id.	9^{m2}.

NOMS DES RUES	NATURE DES TRAVAUX	NATURE DE L'EMPRISE Chaussée ou trottoirs BARRAGE COMPLET OU PARTIEL	LONGUEURS ou SURFACES approximatives DES EMPRISES
Rue du Hameau, entre le n° 1 et la rue Auguste-Chabrières.	Construction d'un égout.	Chaussée, barrage complet.	$10^m \times 6^m,60 = 66^{m2}$.
Avenue Émile-Zola.	Construction d'un égout collecteur.	Chaussée.	L'avenue Émile-Zola n'est pas ouverte à la circulation publique. La surface occupée par le chantier était de : $270^m \times 18^m = 4.860^{m2}$. Il restait une bande de 2^m de largeur pour le passage des piétons.
Avenue Émile-Zola.	Pose de conduites d'eau.	Trottoir.	L'approvisionnement des conduites a nécessité l'ouverture d'un puits de service d'une surface d'environ 1^{m2}.

SECTION DU CENTRE

NOMS DES RUES	NATURE DES TRAVAUX	NATURE DE L'EMPRISE Chaussée ou trottoirs BARRAGE COMPLET OU PARTIEL	LONGUEURS ou SURFACES approximatives DES EMPRISES

1° TRAVAUX DE L'INFRASTRUCTURE

a) **Ligne n° 4.** — *7ᵉ Lot.*

NOMS DES RUES	NATURE DES TRAVAUX	NATURE DE L'EMPRISE	LONGUEURS ou SURFACES
Rue des Halles, n° 6.	Baraque abritant une prise d'énergie électrique pour l'éclairage du souterrain et les épuisements.	Prise de courant. Baraque sur chaussée en bordure du trottoir (barrage partiel de la chaussée sur 1ᵐ,50 de longueur.	1ᵐ,50 × 1ᵐ,60 = 2ᵐ2,40.
Rue Saint-Denis, (angle rue des Halles).	Id.	Prise de courant. Baraque sur chaussée en bordure de la circulaire du trottoir.	1ᵐ,40 × 1ᵐ,50 = 2ᵐ2,10.
Avenue Victoria, (près du théâtre du Châtelet).	Id.	Prise de courant. Petite baraque située dans l'alignement des arbres et n'occasionnant aucun barrage.	1ᵐ,23 × 1ᵐ,30 = 1ᵐ2,60.
Quai de la Cité.	Trou de service et d'aération.	Trou de service et d'aération pour les ouvriers employés à la peinture de l'ouvrage elliptique. Emprise située sur le plateau nord-est de la place du Marché-aux-Fleurs (barrage partiel de la contre-allée).	2ᵐ,20 × 3ᵐ,40 = 7ᵐ2,48.
Place du Marché-aux-Fleurs.	Dépôt de terres pour le remblaiement au-dessus du caisson elliptique rue de Lutèce. Ateliers et dépôts de l'entreprise. Puits de service pour la construction du souterrain courant.	Construction de la station « La Cité », des ouvrages de raccordement aux extrémités de cette station et du souterrain courant sous la caserne de la Cité. Emprise sur chaussée, trottoir et plateau du sud de la place du Marché-aux-Fleurs (barrage partiel assurant la circulation des piétons et des voitures).	50ᵐ × 40 = 2.000ᵐ2, en moyenne environ.

NOMS DES RUES	NATURE DES TRAVAUX	NATURE DE L'EMPRISE Chaussée ou trottoirs BARRAGE COMPLET OU PARTIEL	LONGUEURS ou SURFACES approximatives DES EMPRISES
		a) **Ligne n° 4.** — *7ᵉ Lot (suite).*	
Place Saint-Michel.	Construction du souterrain courant entre le caisson n° 5 (rive gauche du petit bras) et l'ouvrage elliptique de la place St-Michel.	Construction du souterrain courant entre la banquette rive gauche du petit bras de la Seine et l'ouvrage elliptique de la place Saint-Michel. Approvisionnements et sortie des déblais par un trou de service situé dans le plancher supérieur. Démolition de l'usine frigorifique. Emprise au milieu de la place Saint-Michel assurant la circulation des piétons, tramways, omnibus et voitures (barrage partiel).	24 × 30 = 720ᵐ², en moyenne environ.
Quai de l'Archevêché.	Dépôt des approvisionnements et embarquement des déblais.	Approvisionnements des matériaux pour la construction du 7ᵉ lot et embarquement des déblais provenant de la construction du 7ᵉ lot (barrage complet du quai de l'Archevêché).	118 × 21 = 2.478ᵐ².
		b) **Ligne n° 4.** — *8ᵉ Lot.*	
Boulevard Saint-Germain, n° 97.	Épuisements.	Baraquement en planches situé sur le plateau Danton, renfermant les divers appareils électriques recevant le courant du secteur de la rive gauche. *La disparition du baraquement et des appareils qu'il renferme est prévue pour le 15 septembre 1909.*	Surface totale de l'entreprise : 13ᵐ,60 × 6ᵐ,10 = 82ᵐ²,96.

2° TRAVAUX EXÉCUTÉS PAR OU POUR LE COMPTE DE LA COMPAGNIE DU MÉTROPOLITAIN

NOMS DES RUES	NATURE DES TRAVAUX	NATURE DE L'EMPRISE	LONGUEURS ou SURFACES
		a) **Ligne n° 4.** — *7ᵉ Lot.*	
Quai de la Cité.	Travaux d'accès à la station « La Cité ».	Construction d'une sortie spéciale de la station « La Cité » sur le quai de la Cité. Occupation sur le plateau nord-ouest de la place du Marché-aux-Fleurs. Barrage partiel.	14 × 16 = 224ᵐ².

NOMS DES RUES	NATURE DES TRAVAUX	NATURE DE L'EMPRISE Chaussée ou trottoirs BARRAGE COMPLET OU PARTIEL	LONGUEURS ou SURFACES approximatives DES EMPRISES
		a) **Ligne n° 4.** — *7ᵉ Lot (suite).*	
Place Saint-Michel.	Travaux d'accès à la station « Place Saint-Michel ».	Construction d'un couloir de sortie de la station « Place Saint-Michel » sur le boulevard Saint-André. Occupation sur la partie sud de la place à la suite de l'occupation correspondant aux ouvrages d'infrastructure. Emprise assurant la circulation des piétons, tramways, omnibus et voitures (barrage partiel).	$10 \times 14 = 140^{m2}$, en moyenne environ.
Place Saint-André-des-Arts.	Id.	Construction d'une sortie spéciale de la station « Place Saint-Michel » sur la place Saint-André-des-Arts. Occupation sur la partie ouest de la place assurant la circulation des piétons et voitures (barrage partiel).	$16 \times 14 = 224^{m2}$, en moyenne environ.
		b) **Lignes en exploitation.**	
Boulevard de Denain.	Sortie supplémentaire.	Barrage partiel.	Chaussée. . . . 43ᵐ² Trottoir . . . . 96ᵐ² SURFACE TOTALE. 139ᵐ²
Place de la République.	Construction d'ascenseurs.	Barrage partiel.	Chaussée. . . . 68ᵐ² Trottoir . . . . 410ᵐ² SURFACE TOTALE. 478ᵐ²

NOMS DES RUES	NATURE DES TRAVAUX	NATURE DE L'EMPRISE Chaussée ou trottoirs BARRAGE COMPLET OU PARTIEL	LONGUEURS ou SURFACES approximatives DES EMPRISES

1° TRAVAUX D'INFRASTRUCTURE

Ligne n° 3 *bis*. — *1er Lot*.

Néant.

2° TRAVAUX EXÉCUTÉS PAR OU POUR LE COMPTE DE LA COMPAGNIE CONCESSIONNAIRE

Ligne n° 3 *bis*. — *1er Lot*.

NOMS DES RUES	NATURE DES TRAVAUX	NATURE DE L'EMPRISE	LONGUEURS ou SURFACES
Boulevard Malesherbes, n° 102.	Construction d'un puisard au droit de la rue de la Terrasse.	Barrage partiel de la chaussée.	63m².
Place Malesherbes, au droit du n° 15.	Bureau de paie et ateliers de l'entrepreneur (trav. d'accès aux stations).	Barrage total du trottoir côté jardin et barrage partiel de la chaussée.	56m².
Avenue de Villiers, angle de la rue d'Offémont.	Construction de l'accès à la station « Place Malesherbes ».	Barrage partiel de la chaussée et du trottoir.	195m²
Avenue de Villiers, au droit du n° 40.	Puits de descente du ballast et des rails.	Barrage partiel de la chaussée.	120m².
Avenue de Villiers, angle Cardinet.	Puits de descente du ballast.	Id.	40m².
Avenue de Villiers, au droit des n°ˢ 73 et 75.	Construction de l'accès à la station « Avenue Wagram ».	Barrage partiel de la chaussée et du trottoir.	125m².
Avenue de Villiers, au droit du n° 77.	Id.	Barrage partiel de la chaussée.	36m².

NOMS DES RUES	NATURE DES TRAVAUX	NATURE DE L'EMPRISE Chaussée ou trottoirs BARRAGE COMPLET OU PARTIEL	LONGUEURS ou SURFACES approximatives DES EMPRISES
		Ligne n° 3 *bis*. — 2° *Lot*.	
Avenue de Villiers, n° 95.	Construction du 2° lot de la ligne 3 *bis*.	Chaussée. Barrage partiel.	5^{m2}.
Carrefour de l'Avenue de Villiers et de la rue de Prony.	Id.	Id.	250^{m2}.
Place Pereire (entre l'avenue de Villiers et la rue de Courcelles).	Id.	Chaussée et refuge. Barrage partiel.	580^{m2}.
Place Péreire (entre l'avenue Gangaud et la rue de Courcelles.	Id.	Id.	190^{m2}.
Rue de Courcelles, n° 190.	Id.	Chaussée. Barrage partiel.	15^{m2}.
Boulevard Berthier, n° 73.	Id.	Trottoir. Barrage partiel.	15^{m2}.
Boulevard Berthier (côté des fortifications).	Id.	Chaussée et trottoir. Barrage partiel.	2.300^{m2}.
Avenue de Villiers (angle rue Descombes).	Id.	Chaussée. Barrage partiel.	80^{m2}.
Boulevard Gouvion-Saint-Cyr (côté des fortifications).	Id.	Trottoir. Barrage partiel.	110^{m2}.

2° TRAVAUX EXÉCUTÉS PAR OU POUR LE COMPTE DE LA COMPAGNIE DU MÉTROPOLITAIN

A la date du 10 août 1909, il n'y avait dans la 2° subdivision, aucun chantier sur la voie publique pour travaux exécutés par ou pour le compte de la Compagnie du Métropolitain.

1° TRAVAUX DE L'INFRASTRUCTURE

Ligne n° 4. — 10° *Lot*.

Néant.

NOMS DES RUES	NATURE DES TRAVAUX	NATURE DE L'EMPRISE Chaussée ou trottoirs BARRAGE COMPLET OU PARTIEL	LONGUEURS ou SURFACES approximatives DES EMPRISES

2° TRAVAUX EXÉCUTÉS PAR OU POUR LE COMPTE DE LA COMPAGNIE DU MÉTROPOLITAIN

Ligne n° 4. — 10e Lot.

NOMS DES RUES	NATURE DES TRAVAUX	NATURE DE L'EMPRISE	LONGUEURS ou SURFACES
Boulevard Montparnasse (vis à vis le n° 70).	Construction de l'accès, station « Gare Montparnasse ».	Barrage partiel du trottoir.	72mq.
Place de Rennes (angle boulevard Montparnasse).	Id.	Barrage partiel de la chaussée.	67mq.
Boulevard Montparnasse (vis à vis les n°s 73 et 75).	Id.	Barrage partiel du trottoir.	50mq.
Rue de Rennes (angle rue Notre-Dame-des-Champs).	Construction de l'accès, station « Rue de Vaugirard ».	Barrage partiel de la chaussée.	110mq. (Le chantier à ciel ouvert est limité au périmètre de l'accès.)

1° TRAVAUX DE L'INFRASTRUCTURE

Ligne n° 4. — 12e Lot.

Néant.

2° TRAVAUX EXÉCUTÉS PAR OU POUR LE COMPTE DE LA COMPAGNIE DU MÉTROPOLITAIN

Ligne n° 4. — 12e Lot.

NOMS DES RUES	NATURE DES TRAVAUX	NATURE DE L'EMPRISE	LONGUEURS ou SURFACES
Boulevard Jourdan.	Entourage de l'escalier d'accès à la station « Porte d'Orléans » (entrée).	Palissade sur contre-allée.	36mq.
Boulevard Brune.	Entourage de l'escalier d'accès à la station « Porte d'Orléans » (sortie).	Palissade sur contre-allée.	36mq.

NOMS DES RUES	NATURE DES TRAVAUX	NATURE DE L'EMPRISE Chaussée ou trottoirs BARRAGE COMPLET OU PARTIEL	LONGUEURS ou SURFACES approximatives DES EMPRISES

1° TRAVAUX DE L'INFRASTRUCTURE

Ligne n° 7. — 5° Lot.

Néant.

Ligne n° 7. — 6° Lot.

Rue David-d'Angers, entre la place du Danube et le boulevard Sérurier.	Les travaux sont terminés et les puits bouchés, la circulation rendue impossible par le bouleversement du sol, va être rétablie par une réfection provisoire incessante.	*Pour mémoire.*	»
Rue du Général-Brunet, angle de la place du Danube.	Puits d'accès dans le souterrain.	Barrage partiel du trottoir.	Trottoir : 10^{m2}.
Rue du Général-Brunet, entre la place du Danube et le boulevard Sérurier.	Remblaiement de la tranchée ayant servi à la sortie des déblais; dépôt de matériel de l'entreprise Perchot.	Barrage partiel; chaussée et trottoir, côté pair.	Chaussée : 500^{m2}. Trottoir : 200^{m2}.
Boulevard Sérurier, de part et d'autre de la rue du Général-Brunet.	Dépôt de matériel de l'entreprise Perchot.	Barrage partiel; trottoir, côté impair.	Trottoir : 400^{m2}.

Ligne n° 7 *bis*. — 1er Lot.

Rue du Faubourg-Saint-Martin, n° 242.	Travaux d'infrastructure du 1er lot de la ligne n° 7 *bis*.	Sur chaussée, barrage partiel.	12^m.
Rue du Faubourg-Saint-Martin, angle rue Chaudron.	Id.	Id.	12^m.

NOMS DES RUES	NATURE DES TRAVAUX	NATURE DE L'EMPRISE Chaussée ou trottoirs BARRAGE COMPLET OU PARTIEL	LONGUEURS ou SURFACES approximatives DES EMPRISES
		Ligne n° 7 bis. — 1er Lot (suite).	
Rue du Faubourg-Saint-Martin, angle n° 251.	Travaux d'infrastructure du 1er lot de la ligne n° 7 bis.	Sur chaussée et partie trottoir impair, monte-charges et dépôt de bois.	180ᵐ.
Rue du Faubourg-Saint-Martin, angle n° 265.	Id.	Sur trottoir.	4ᵐ.
Carrefour boulevard de La Villette.	Id.	Sur chaussée.	49ᵐ.
Quai de la Seine.	Id.	Dépôt de matériel, bureaux et ateliers.	680ᵐ.
Rue de Flandre, n° 10.	Id.	Sur chaussée.	10ᵐ.
Rue de Flandre, n° 23.	Id.	Sur chaussée, escalier de descente.	6ᵐ.
Rue de Soissons.	Id.	Chaussée et trottoir impair, transporteur à courroie.	400ᵐ.
Rue de Flandre, angle rue du Maroc.	Id.	Chaussée.	12ᵐ.
Rue de Flandre, n° 39.	Id.	Id.	6ᵐ.
Rue de Flandre, angle rue de Rouen.	Id.	Id.	8ᵐ.
Rue de Rouen.	Id.	Demie chaussée et trottoir impair, dépôt de ciment.	85ᵐ.
Rue de Flandre, angle rue Riquet.	Id.	Chaussée.	7ᵐ.
Rue de Flandre, n° 78.	Id.	Id.	8ᵐ.
Rue Duvergier.	Id.	Chaussée, monte-charges.	250ᵐ.
Rue de Flandre, n° 86.	Id.	Chaussée, escalier de descente.	4ᵐ.

NOMS DES RUES	NATURE DES TRAVAUX	NATURE DE L'EMPRISE Chaussée ou trottoirs BARRAGE COMPLET OU PARTIEL	LONGUEURS ou SURFACES approximatives DES EMPRISES
		Ligne n° 7 bis. — 1er Lot (suite).	
Rue de Flandre, n° 107.	Travaux d'infrastructure du 1er lot de la ligne n° 7 bis.	Chaussée.	8ᵐ.
Rue de Flandre, angle rue de Joinville.	Id.	Id.	2ᵐ.
Rue de Joinville.	Id.	Chaussée, dépôt de matériel.	80ᵐ.
		Ligne n° 7 bis. — 2e Lot.	
Rue de Flandre, face le n° 112.	Confection du béton.	Puits sur chaussée (entourage).	9ᵐ.
Rue de l'Ourcq, angle rue de Flandre, côté impair.	Extraction des remblais.	Monte-charges sur chaussée (barrage partiel).	56ᵐ.
Rue de Flandre, au coin de la rue de l'Ourcq.	Confection du béton.	Puits sur chaussée (entourage).	9ᵐ.
Rue de Flandre, face le n° 145.	Approvisionnement.	Id.	9ᵐ.
Rue de Flandre, face le n° 151.	Confection du béton.	Id.	9ᵐ.
Rue de Flandre, face le n° 159.	Approvisionnement.	Id.	9ᵐ.
Rue de Flandre, au coin de la rue de l'Argonne.	Confection du béton.	Id.	9ᵐ.
Avenue du Pont-de-Flandre, au coin de la rue Rouvet.	Extraction des déblais.	Monte-charges sur trottoir (palissadé).	240ᵐ.
Avenue du Pont-de-Flandre, au coin de la rue Benjamin-Constant.	Confection du béton.	Puits sur trottoir (entourage).	9ᵐ.
Avenue du Pont-de-Flandre, au droit du quai de la Gironde.	Épuisement des infiltrations (travaux sous le canal).	Puits sur chaussée (entourage).	9ᵐ.

NOMS DES RUES	NATURE DES TRAVAUX	NATURE DE L'EMPRISE Chaussée ou trottoirs BARRAGE COMPLET OU PARTIEL	LONGUEURS ou SURFACES approximatives DES EMPRISES
		Ligne n° 7 bis. — 2° Lot (suite).	
Avenue du Pont-de-Flandre, entre les deux premières portes d'entrée des Abattoirs.	Approvisionnements.	Emplacement sur chaussée (entourage).	80ᵐ.
Avenue du Pont-de-Flandre, contre le mur des Abattoirs, vers la dernière entrée.	Confection du béton.	Puits sur chaussée (entourage).	9ᵐ.
Avenue du Pont-de-Flandre, face les Abattoirs.	Dépôt de meulière (ancien dépôt de bois).	Emprise sur chaussée (entourage).	375ᵐ.
Boulevard Macdonald, contre le mur des Abattoirs.	Néant.	Puits sur trottoir, en cours de remblaiement.	9ᵐ.
Boulevard Macdonald, contre le chemin de fer de l'Est.	Confection du béton.	Puits sur trottoir (entourage).	9ᵐ.
Boulevard Macdonald, entre l'avenue du Pont-de-Flandre et l'Hôpital temporaire.	Chantier d'approvisionnements, ateliers et dépôts.	Chantier palissadé, complètement sur le talus des fortifications.	Pour mémoire.
Boulevard Macdonald, avant l'Hôpital temporaire.	Approvisionnements.	Puits sur trottoir (entourage), va être supprimé.	9ᵐ.
Boulevard Macdonald, après l'Hôpital temporaire.	Id.	Id.	9ᵐ.

2° TRAVAUX EXÉCUTÉS PAR OU POUR LE COMPTE DE LA COMPAGNIE DU MÉTROPOLITAIN

Néant.

NOMS DES RUES	NATURE DES TRAVAUX	NATURE DE L'EMPRISE Chaussée ou trottoirs BARRAGE COMPLET OU PARTIEL	LONGUEURS ou SURFACES approximatives DES EMPRISES
	1° TRAVAUX DE L'INFRASTRUCTURE		
	Ligne n° 8. — 3ᵉ Lot.		
Rue Mirabeau, n° 14.	Extraction des déblais et descente des matériaux pour les maçonneries. Gâches. Dépôts de matériaux divers. Épuisements.	Chantier avec deux puits de service occupant, du côté pair, une partie de la chaussée et trottoir. Barrage partiel.	270ᵐ².
Avenue de Versailles, à l'angle de la rue Mirabeau.	Id.	Chantier avec un puits de service, estacade et monte-charge occupant une partie de la chaussée et du trottoir. Barrage partiel.	400ᵐ².
Rond-Point Mirabeau.	Id.	Chantiers avec un puits de service occupant une partie de la chaussée. Barrage partiel.	170ᵐ². 300ᵐ².
Avenue Émile-Zola, entre le rond-point Mirabeau et la rue Payen	Id.	Chantier avec deux puits de service. *Voie non encore ouverte à la circulation.*	525ᵐ².
	Ligne n° 8. — 4ᵉ Lot.		
Avenue Émile-Zola, entre les rues Payen et Javel.	Épuisements et achèvement de la station « Javel ».	Hangar d'abri pour puisard et machines. Estacade et monte-charges. *Voie non encore ouverte à la circulation.*	260ᵐ². 94ᵐ².
Avenue Émile-Zola, près la place Beaugrenelle.	Épuisements.	Baraquements pour machines à vapeur et dynamos. *Voie non encore ouverte à la circulation.*	650ᵐ².
	Ligne n° 8. — 5ᵉ Lot.		
Avenue Émile-Zola, près de l'angle de la rue Fondary.	Exécution du radier de la station « Rue du Commerce ».	Puits de service, dépôt de matériaux et chantier de bétonnage. *Voie non encore ouverte à la circulation.*	400ᵐ²

NOMS DES RUES	NATURE DES TRAVAUX	NATURE DE L'EMPRISE Chaussée ou trottoirs BARRAGE COMPLET OU PARTIEL	LONGUEURS ou SURFACES approximatives DES EMPRISES
	Ligne n° 8. — 5ᵉ *Lot (suite).*		
Avenue Émile-Zola, près de l'angle de la rue Fondary.	Enlèvement des terres.	Monte-charge et estacade. *Voie non encore ouverte à la circulation.*	170ᵐ².
Rue du Commerce, vis-à-vis du n° 32.	Installation de bétonnage.	Puits de service sur chaussée. Barrage partiel.	10ᵐ².
Rue du Commerce, vis-à-vis du n° 12.	Id.	Id.	14ᵐ².
Boulevard de Grenelle, carrefour de la rue du Commerce.	Exécution de la tranchée couverte.	Puits de service sur refuge. Barrage partiel.	4ᵐ².
Boulevard de Grenelle.	Ensemble du lot.	Dépôt de matériel sur la contre-allée centrale. Barrage partiel.	150ᵐ².
Angle du boulevard de Grenelle et de l'avenue de La Motte-Picquet.	Enlèvement de terres.	Monte-charges et estacade établis sur chaussée et trottoir. Barrage partiel.	206ᵐ².
Avenue de La Motte-Picquet, vis-à-vis du n° 67.	Installation pour bétonnage et entrée des matériaux.	Puits de service. Barrage partiel.	28ᵐ².
Avenue de La Motte-Picquet, vis-à-vis du n° 65.	Id.	Id.	28ᵐ².
Avenue de La Motte-Picquet, vis-à-vis du n° 56.	Id.	d.	16ᵐ².
Avenue de La Motte-Picquet, vis-à-vis du n° 53.	Id.	Id.	24ᵐ².

2° TRAVAUX EXÉCUTÉS PAR OU POUR LA COMPAGNIE DU MÉTROPOLITAIN

Ligne n° 8. — *3ᵉ, 4ᵉ et 5ᵉ Lots.*

Néant.

1° TRAVAUX DE L'INFRASTRUCTURE

Ligne n° 8. — *6° Lot.*

NOMS DES RUES	NATURE DES TRAVAUX	NATURE DE L'EMPRISE Chaussée ou trottoirs BARRAGE COMPLET OU PARTIEL	LONGUEURS ou SURFACES approximatives DES EMPRISES
Avenue de la Motte-Picquet, n° 18.	Souterrain à deux voies.	Barrage partiel. { Trottoir. / Chaussée.	120^{m2}. / 80^{m2}.
Avenue de la Motte-Picquet, entre le boulevard de la Tour-Maubourg et la rue de Grenelle.	Souterrain et station voûtée.	Barrage partiel. { Trottoir. / Chaussée.	630^{m2}. / 1.100^{m2}.
Esplanade des Invalides, en face l'Hôtel.	Souterrain à deux voies.	Chaussée (barrage partiel).	180^{m2}.
Esplanade des Invalides, sur le terre-plein.	Bureaux et magasins de l'entreprise.	Terre-plein (barrage partiel).	1.900^{m2}.
Esplanade des Invalides, angle des rues de Grenelle et de Constantine.	Souterrain à deux voies.	Terre-plein et chaussée (barrage partiel).	480^{m2}.
Esplanade des Invalides, rue de Constantine.	Ouvrage spécial de dédoublement des voies.	Terre-plein (barrage partiel).	190^{m2}.
Esplanade des Invalides, angle des rues de Constantine et Saint-Dominique.	Ouvrage spécial de dédoublement des voies.	Id.	720^{m2}.
Esplanade des Invalides, rue de Constantine, n° 5.	Station voûtée.	Id.	330^{m2}.

Ligne n° 8. — *7° Lot.*

NOMS DES RUES	NATURE DES TRAVAUX	NATURE DE L'EMPRISE	LONGUEURS ou SURFACES
Esplanade des Invalides.	Usine et dépôt de pièces de fonte. Approvisionnement des chantiers et évacuation des déblais (rive gauche de la Seine).	Terre-plein (barrage partiel).	8.111^{m2}.
Rue de Constantine.	Extraction des déblais à l'avant du bouclier.	Chaussée (barrage partiel).	16^{m2}.

NOMS DES RUES	NATURE DES TRAVAUX	NATURE DE L'EMPRISE Chaussée ou trottoirs, BARRAGE COMPLET OU PARTIEL	LONGUEURS ou SURFACES approximatives DES EMPRISES

1º **Travaux de l'infrastructure** *(Suite).*

Ligne nº 8. — 7ᵉ lot.

NOMS DES RUES	NATURE DES TRAVAUX	NATURE DE L'EMPRISE	LONGUEURS ou SURFACES
Quai de la Conférence (puits nº 1).	Attaque supplémentaire pour l'approvisionnement des chantiers (rive droite de la Seine).	Terre-plein (barrage partiel).	484^{m2}.
Quai de la Conférence, entre l'avenue Dutuit et le Cours-la-Reine (puits nº 2).	Extraction provisoire des déblais jusqu'au raccordement des galeries avec les puits 1 et 3.	Id.	14^{m2}.
Quai de la Conférence, entre l'avenue Dutuit et le Cours-la-Reine.	Escalier d'accès aux chantiers.	Id.	4^{m2}.
Place de la Concorde, rue Boissy-d'Anglas prolongée (puits nº 3).	Extraction provisoire des déblais jusqu'au raccordement des galeries avec les puits 1 et 2.	Chaussée (barrage partiel).	17^{m2}.

2º TRAVAUX EXÉCUTÉS PAR OU POUR LE COMPTE DE LA COMPAGNIE DU MÉTROPOLITAIN

Néant.

NOMS DES RUES	NATURE DES TRAVAUX	NATURE DE L'EMPRISE Chaussée ou trottoirs BARRAGE COMPLET OU PARTIEL	LONGUEURS ou SURFACES approximatives DES EMPRISES

1° TRAVAUX DE L'INFRASTRUCTURE

Ligne n° 8. — 2° Lot.

NOMS DES RUES	NATURE DES TRAVAUX	NATURE DE L'EMPRISE	LONGUEURS ou SURFACES
Rue d'Auteuil,	Puits et estacade.	Chaussée, barrage partiel.	Surface : 260^{m2}.
Rue Wilhem.	Puits et estacade.	Chaussée et trottoir, barrage partiel.	Surface : 95^{m2}.
Rue Mirabeau (face le n° 26).	Dépôt de matériaux.	Id.	Surface : 264^{m2}.
Rue Mirabeau (angle rue Chardon-Lagache).	Puits et estacade.	Id.	Surface : 234^{m2}.

Ligne n° 8. — 8° Lot.

NOMS DES RUES	NATURE DES TRAVAUX	NATURE DE L'EMPRISE	LONGUEURS ou SURFACES
Quai de la Conférence.	Estacade en Seine pour l'enlèvement des déblais et l'approvisionnement général des matériaux. Ateliers. Usines d'énergie électrique et bureaux de l'entreprise.	Trottoir, barrage complet. Chaussée, barrage partiel.	Trottoir sur 80 mètres de longueur. Chaussée sur 80 mètres de longueur et 7 mètres de largeur.
Rue Royale (face le n° 1).	Chantier utilisé pour la confection du béton.	Chaussée, barrage partiel.	Longueur : 10 mètres. Largeur : 3^m,30.
Rue Royale (face le n° 15).	Puits d'aération des chantiers souterrains.	Trottoir, barrage partiel.	Longueur : 1^m,65. Largeur : 1^m,65.
Place de la Madeleine (devant le refuge, face à l'église).	Puits d'épuisement des eaux de la nappe.	Chaussée, barrage partiel.	Longueur : 11 mètres. Largeur : 6 mètres.
Place de la Madeleine (entre l'église et le marché aux fleurs).	Dépôt des bois de l'entreprise.	Chaussée latérale à l'église, barrage complet.	Longueur : 29 mètres.
Boulevard de la Madeleine (face les n° 10 et 12).	Chantier de la station « La Madeleine ». Chantier d'approvisionnement des matériaux et puits de descente du personnel.	Chaussée, barrage partiel.	Longueur : 32 mètres. Largeur moyenne : 6 mètres.
Boulevard des Capucines (face le n° 29).	Puits d'épuisement des eaux de la nappe.	Trottoir, barrage partiel.	Longueur : 3^m,70. Largeur : 2^m,85.

NOMS DES RUES	NATURE DES TRAVAUX	NATURE DE L'EMPRISE Chaussée ou trottoirs BARRAGE COMPLET OU PARTIEL	LONGUEURS ou SURFACES approximatives DES EMPRISES
	Ligne n° 8. — 8ᵉ Lot (suite).		
Boulevard des Capucines (face le n° 23).	Station « Opéra ». Puits de descente du personnel.	Trottoir et chaussée. Barrage partiel.	Longueur : 7 mètres. Largeur : 5 mètres.
Boulevard des Capucines (face le n° 21).	Station « Opéra ». Estacade pour l'enlèvement des déblais.	Id.	Longueur : 20 mètres. Largeur : 5ᵐ,20.
Boulevard des Capucines (face les nᵒˢ 17 et 19).	Station « Opéra ». Puits d'épuisement des eaux de la nappe et d'approvisionnement des matériaux.	Id.	Longueur : 8ᵐ,75. Largeur : 5 mètres.

2° TRAVAUX EXÉCUTÉS PAR OU POUR LE COMPTE DE LA COMPAGNIE DU CHEMIN DE FER MÉTROPOLITAIN

NOMS DES RUES	NATURE DES TRAVAUX	NATURE DE L'EMPRISE	LONGUEURS ou SURFACES
	Ligne n° 7. — 2ᵉ Lot.		
Place de l'Opéra (côté nord).	Construction des accès aux lignes nᵒˢ 7 et 8.	Emprise sur chaussée, barrage partiel.	Surface : 149ᵐ²,67.
Place de l'Opéra (côté sud).	id.	Id.	Surface : 658ᵐ²,61.
Rue Halévy (carrefour Glück).	Puits d'aération pouvant servir à la descente du ballast.	Id.	Surface : 30ᵐ²,04.
Avenue de l'Opéra (au droit du n° 31).	Cheminée d'aération.	Emprise sur trottoir, barrage partiel.	Surface : 1ᵐ²76.

IMPRIMERIE CHAIX RUE BERGÈRE, 20, PARIS. — 28377-10-09.

www.ingramcontent.com/pod-product-compliance
Ingram Content Group UK Ltd.
Pitfield, Milton Keynes, MK11 3LW, UK
UKHW022051070726
13613UKWH00002B/770